A HISTORY OF ROME

·迈尔斯教授讲世界历史·

罗马史

[美]菲利普·范·内斯·迈尔斯◎著　　卢东民　宋雪莹◎译

天地出版社 | TIANDI PRESS

图书在版编目（CIP）数据

罗马史 /（美）菲利普·范·内斯·迈尔斯著；卢东民，宋雪莹译．— 成都：天地出版社，2019.1
ISBN 978-7-5455-4018-5

Ⅰ．①罗… Ⅱ．①菲… ②卢… ③宋… Ⅲ．①古罗马—历史 Ⅳ．①K126

中国版本图书馆 CIP 数据核字（2018）第 133746 号

罗马史
LUOMA SHI

出品人　杨　政
著　者　[美] 菲利普·范·内斯·迈尔斯
译　者　卢东民　宋雪莹
责任编辑　杨永龙　欧阳秀娟
封面设计　柏拉图设计
内文排版　新视点
责任印制　葛红梅

出版发行　天地出版社
（成都市槐树街2号　邮政编码：610014）
网　址　http://www.tiandiph.com
http://www.天地出版社.com
电子邮箱　tiandicbs@vip.163.com
经　销　新华文轩出版传媒股份有限公司

印　刷　嘉业印刷（天津）有限公司
版　次　2019年1月第1版
印　次　2019年1月第1次印刷
成品尺寸　170mm×240mm　1/16
印　张　13
字　数　210千字
定　价　45.00元
书　号　ISBN 978-7-5455-4018-5

咨询电话：（028）87734639（总编室）
购书热线：（010）67693207（市场部）

前言

这本书是我《古代史（修订版）》（1904）的下半部分，大体上是《罗马：它的兴衰》一书的精编本。这本书与更早期的罗马有关，因此，向那些在本书准备过程中提供帮助的朋友们再次致以谢意是很适宜的。

我衷心感谢哈勒大学的爱德华·迈尔博士和牛津大学的亨利 F. 佩勒姆教授，他们都仔细地审读了从罗马王国至公元476年罗马帝国灭亡的所有章节，并给予了真诚的批评和建议。此外，我还要向康奈尔大学的乔治·林肯·伯尔教授表达我深深的谢意，因为他不但在这部作品中给予我鼓励及赞誉，而且因他慷慨的恩惠——在巨大的工作压力下，以其准确、渊博的学识随时审读和评阅我更大部分的校样——而这部分校样包含了从罗马灭亡到查理大帝恢复西罗马帝国昔日版图的所有章节。

菲利普·范·内斯·迈尔斯

于俄亥俄州学院山

目录

第四阶段　日耳曼 - 罗马时代或转型时代
（476—800）

01

第一阶段

罗马王国

第一章　意大利及其早期居民

1.意大利半岛的构成

意大利半岛通常被认为由三个地区组成：北意大利、中意大利和南意大利。北意大利处于阿尔卑斯山与亚平宁山之间巨大的波河（*Padus*）盆地上。在古代，意大利的这一部分被划分为三个辖区，即利古里亚（Liguria）、山南高卢（Gallia Cisalpina）和威尼西亚（Venetia）。利古里亚包括北意大利的西南部，威尼西亚包括北意大利的东北部。山南高卢则处在这两个辖区之间，占据着波河河谷最好的地带，它的名字“山南高卢”，意思就是“阿尔卑斯山这一边（意大利）的高卢”，来自公元前6世纪找到翻越阿尔卑斯山的路，进而定居于这片富饶土地上的高卢部落。

中意大利的辖区有伊特鲁里亚（Etruria）、拉丁姆（Latium）、坎帕尼亚（Campania），面朝西方，或者说面朝第勒尼安海；翁布里亚（Umbria）和皮塞努姆（Picenum），俯瞰东方，或者说俯瞰亚得里亚海；撒姆尼（Samnium）和萨宾（Sabines）地区则占据亚平宁的崎岖山区。

南意大利包括的古代辖区有阿普利亚（Apulia）、卢卡尼亚（Lucania）、卡拉布里亚（Calabria）、布鲁提姆（Bruttium）。如果说亚平宁半岛像只靴子，卡拉布里亚就是“脚后跟”①，布鲁提姆是“脚趾”。正如我们已经知道的，南意大利的沿海地区，被称为希腊殖民区或者“大希腊地区”（Magna Graecia），之所以如此，是因为希腊称霸时期，在这些沿岸地区建立了许多重要的希腊人城市。

大岛西西里，就横卧在本土的南端，可能被视为意大利的一个分离片段，它的历史因此与亚平宁半岛的历史有着紧密的联系。

---

① 中世纪时，这个名字被转变成半岛的脚趾，它形成了今天的卡拉布里亚。

2.山脉、河流和海港

意大利，像南欧的另外两个半岛——希腊和西班牙——一样，都有高山作为屏障。意大利的高山屏障是阿尔卑斯山，它横亘在意大利北部边境上。犹如希腊境内的品都斯山脉，亚平宁山脉作为一个巨大的脊梁贯穿整个半岛。它们从古拉丁姆向东覆盖了广阔的山地地区。在古代，这里滋养了一个强悍的山地民族，它不停地入侵生活在拉丁姆和坎帕尼亚地区文明程度更高的低地人的领土。于是，半岛这部分的自然结构便塑造了大部分的罗马历史，正如在苏格兰南北两部分的自然对比中所反映出来的情形一样，数百年来，那里的山地人与低地人之间也充满了敌对情绪。

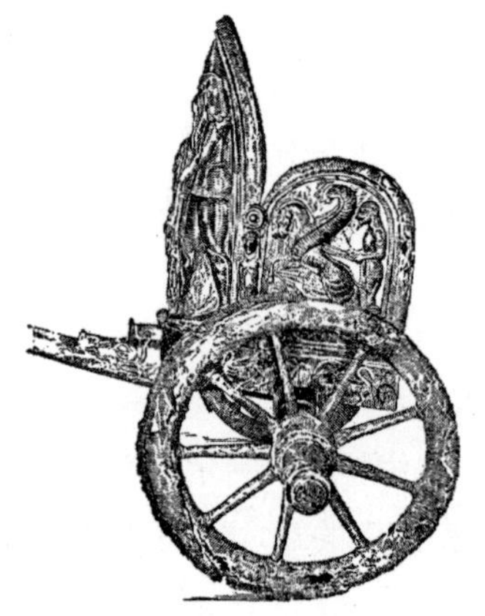

一辆伊特鲁里亚战车[①]

意大利只有一条真正的大河——波河，它流经前面提到的、位于阿尔卑斯山和亚平宁山之间的北部大平原。一些小河从亚平宁山东部斜坡倾泻而下，不仅流程短，水量也很少。在流经亚平宁山西部斜坡的河流中，最具历史意义的一条叫台伯河（Tiber），罗马就发源于这条河的两岸。在台伯河的北部是阿诺河（*Arnus*），它哺育了古伊特鲁里亚的部分地区；在台伯河的南边是利里河（Liris），它是坎帕尼亚境内的主要河流之一。

最优良的意大利海港都位于西海岸，其中，那不勒斯港最负盛名。东海岸地势

---

① 这件有趣的伊特鲁里亚文物由纽约大都会艺术博物馆以4.8万美元购得。它1901年被发现于一座古伊特鲁里亚人墓地。几乎战车的每一个部件，包括车轮，都为青铜所覆盖。遗迹大概可以上溯至公元前7世纪。

险峻，鲜有优良港口。意大利因此而朝向西方。我们得以注意到这一情形的重要事实是，希腊面向东方，因此这两个半岛，正如历史学家蒙森（Mommsen）所言，开始转过身来，背对彼此。这导致罗马和希腊的城市在许多世纪里几乎没有贸易往来。

3.意大利早期居民：伊特鲁里亚人、希腊人和意大利人

在历史的早期，意大利境内生活着三个主要民族——伊特鲁里亚人、希腊人和意大利人。史前时代，除了希腊人之外，它们全部进入了这个半岛。

伊特鲁里亚人生活在伊特鲁里亚，他们是一个民族成分和渊源都不确定的民族，过着富有、文雅和靠海而生的日子，现在，这里又因为他们而被命名为托斯卡纳（Tuscany）。① 他们看似是通过海路从东面进入意大利的。罗马人崛起之前，他们就是这个半岛居于领导地位的民族。其文化中的某些元素使我们相信，他们从希腊殖民区的城市那里获益良多。伊特鲁里亚人接着又成了早期罗马人的老师，传授给他们文明的某些元素，包括军事惯例、建筑艺术方面的启发以及各种各样的宗教观念和仪式。

伊特鲁里亚人宴会的壁画

源自一座公元前5世纪的伊特鲁里亚人墓地。除了其他方面以外，这幅插图还表明了当时伊特鲁里亚人的艺术状况。宴会场面在伊特鲁里亚人的墓碑、石棺和骨灰瓮上是最受欢迎的表达方式。参与者“最高级别的享受得到了体现，这象征着他们的精神已经进入了极乐”。[丹尼斯，《伊特鲁里亚的城市和墓地》（Dennis，*Cities and Cemeteries of Etruria*）]

① 早期，他们在北意大利和坎帕尼亚建有定居点。

我们对南意大利和西西里的希腊人城市已经有了初步印象。从这些文明的城市社区，罗马人不仅学会了字母的使用，而且还获得了法律和宪政方面的宝贵启示。

意大利人，也就是说印欧语的民族，包括许多部落或者群体（拉丁人、翁布里亚人、萨宾人、萨莫奈人，等等），他们占据了几乎整个中意大利和南意大利的大部分地区，希腊人的同族，跟他们一起进入了这个半岛。在这里，他们极有可能与土著人融合——这些土著居民形成了与印欧民族相同的风俗、礼仪、信仰和制度。在很大程度上，他们过的是牧羊人和农夫的生活。

意大利民族中最重要的是拉丁人，他们生活在拉丁姆；拉丁人中最重要的是罗马人。关于早期罗马的起源，它的社会、政府、宗教以及城市在其后世国王治下的命运，我们将在下一章中简单介绍。

第二章　罗马王国

第一节　罗马的兴起

4.拉丁姆和拉丁同盟

在信史时代的开端，拉丁姆，恰如它的名字——平坦的地区——所示，就位于台伯河下游的南部，为壁垒森严的山城或者小规模的城邦所点缀，像希腊早期的城邦一样。在某些情形下，至少构成这些小城邦的大部分家族都生活在散布于城邦各处的小村庄里，目的是为了接近自己耕种的土地或者他们放牧牲畜的村社牧场。山上被城墙围起来的城镇，可以在危险时刻为村民提供一个共同的避难场所。同样是在这里，他们还兴起自己的市场并在此庆祝各种宗教节日。据说，在史前时代的拉丁姆全境，有30座这样的山城。它们之间结成了著名的“拉丁同盟”。

5.早期罗马

这些山城中，有一个叫作罗马。它位于台伯河左岸一些低矮的小山丘上，距离大海约15英里。在历史的早期，拉丁同盟的领导权就掌握在这座城市手里。[①] 罗马注定要在历史上发挥更大的作用。它由史前时代的三个或者更多的定居点联合而成，位于前面提到的小山丘上或者山脚下。可能是受到共同敌人的逼迫，它们才基

① 更早以前，领导权则为位于孤立的奥尔本山上的城市阿尔巴隆加所掌握。

于平等的条件走向联合，形成了一个单一的城邦，并学会了用相同的名称——罗马人——称呼自己。这些小共同体的早期联合在罗马历史上是个极其重要的事件。她在所有拉丁城邦里，无论在人数还是在力量上都是第一流的，这有助于为她的伟大奠定基础，并预示着她非同凡响的政治命运。

6.商业对早期罗马成长的影响

除了几个山村的早期愉快联合，其他环境无疑也促成了早期罗马的迅速成长。其中，最重要的一个就是其靠近台伯河的地理优势，该优势为罗马带来了贸易和商业上的便利。远离大海使它免于海盗的劫掠——在早期，海盗成群结队地出现在地中海上，从沿岸定居点的田野里掠夺牲口和庄稼。同时，处在中意大利主要河流的岸边，自然使其成了毗邻台伯河及其支流的内陆领土、一个范围很大的获利颇丰的贸易中心。进而言之，靠近适于通航河流和距离大海并不太远的位置，赋予它对重要的海上运输路线的控制权。

第二节　社会和政府

7.罗马家庭；祖先崇拜

家庭是罗马社会的根基，还是其最小的组织单位。它与我们日常生活中的家庭概念是迥然不同的。典型的罗马家庭由父亲、母亲、儿子及其妻子和儿子，以及尚未婚配的女儿组成。一旦某个女儿出嫁了，她就成了其丈夫家庭中的一员。

这种家庭组织最为重要的特征或元素，就是父亲拥有无限的权威。在早些时候，他在法律上对所有家庭成员都拥有绝对的权力，虽然在涉及严厉惩罚时，习惯上他应该向近亲征求意见，但是，他却会因为行为不端而将一个成年的儿子卖身为奴，甚至将其处死（参见第33条）。

父亲是家庭中的祭司长，因为整个家庭拥有共同的崇拜。这就是家神和祖宗神灵崇拜。人们相信，祖先的神灵会留在旧灶台附近，倘若能够经常供之以酒肉，它们便会照顾家庭内健在的人，并在日常工作和事业中保佑他们，使其获得成功。然而，假如受到了忽视，这些神灵便会焦躁不安，遭受痛苦，它们在愤怒之中就会给他们的不肖子孙带来某种形式的麻烦。

尤其是，对列祖列宗的崇拜使得罗马家庭非常排外，导致它会对所有的陌生人关上大门；因为，它死去成员的神灵有且只能由其亲戚朋友来祭拜。然而，通过一定的宗教仪式，一个陌生人也能够为一个家庭所接纳，进而通过血缘或婚姻而成为其中的一员，获得与其他家庭成员同样的权利，并参加其崇拜和节庆活动。

一旦父亲去世，儿子们就自由了，每个人都可以在自己的小家庭内行使他们父亲曾经拥有的所有权力。

8.家庭在罗马历史上的地位

家庭对罗马历史和命运的影响是难以估量的。至少，它孕育了早期罗马人的一些杰出品质，而这些品质对罗马的强大做出了非常大的贡献，帮助她获得世界的统治权。受家庭氛围的熏陶，罗马年轻人养成了服从、尊重权威以及顺从法律和习惯的品质。年轻人一旦成为公民，服从行政官、尊重法律对他来说就成了一种本能，实际上几乎成了一种信仰。另一方面，父母权威在家庭里的行使教会了罗马人如何去指挥和服从——如何运用智慧、节制和正义来行使权威。

9.家庭侍从：扈从和奴隶

除了家庭成员，通常还存在着许多依附于家庭的侍从。这些人是扈从和奴隶。扈从指的是一个与一家之主具有一种半独立关系的人，一家之主是他的庇护人。扈从阶层极有可能主要由那些来自其他城市无家可归的难民或者陌生人组成，抑或由那些仍然居住在前奴隶主家里获得自由的奴隶组成。他们可以在罗马自由地做生意并积累财产，尽管他们的收入在法律上是庇护人的财产。

总的来说，庇护人的职责就是照顾其扈从的利益，尤其是在法律上代表他。另一方面，扈从的职责就是要忠于他的庇护人，用自己的钱维持庇护人的非正常开支。

奴隶只是构成家庭财产的一部分。早期罗马家庭里，只存在着少量奴隶，这些人主要在家里而非在田地里从事劳动。他们担负了母亲及其女儿们家务中的粗活和重活。直到后来，奢华之风悄然进入罗马，国内奴隶的数量才变得非常庞大起来（第200条）。

10.氏族、库里亚（Curia）、部落以及城市

家庭之上是氏族。在历史的早期，氏族可能只是一个扩大了的家庭，其成员数量众多，然而没有确切的亲属关系。但是，他们都认为自己拥有一个共同的祖先，并以他的名字来称呼他们自己，如费边（Fabii）、克劳狄（Claudii）、尤里乌斯（Julii）等。氏族，像家庭一样，拥有一个共同祭坛。

公社的下一个主要群体或团体是库里亚，像希腊的胞族一样，它是一个“兄弟会”，其成员通过宗教和血缘关系联合在一起。在早期罗马，这是人们最为重要的政治团体。征兵就由库里亚负责，恰如我们一会要解释的，人们在早期大会上的投票也是由这些同样的组织来完成。在早期罗马，有30个库里亚。

在库里亚之上是部落，它是公社内最大的分支机构。在早期罗马，存在着3个部落，每一个都由10个库里亚组成。

这几个群体组成了早期罗马的公社。这座城市，像古希腊的那些城市一样，是一个城邦即一个像现代国家一样的独立主权国家。就其本身而论，它拥有宪法和政府，我们接下来将会对此做简要说明。

11.国王和元老院

在早期罗马国家的顶端，是一位国王，是其治下人民的君父。他与治下人民的关系在本质上就是一家之主与家庭成员之间的那种关系。他同时还是国家统治者、军队统帅，以及人民的法官和祭司长。他由被称作执法吏的仆人做先导，每个人都手持一根束棒，上面捆绑着一柄斧头，象征着他拥有生杀予夺的大权。

国王之下为元老院，一个由公社内的“长老”或古老氏族的首领组成的机构。元老院的两个重要功能就是，向国王提供建议和对经由公民大会通过的所有措施进行决定性投票。

12.公民大会

公民大会（库里亚大会[comitia curiata]）由罗马所有的自由民组成。大会的表决方式应该指出来，因为这里的做法在所有共和时期后来的公民大会上都得到了沿袭。投票不是由个人而是由库里亚来实施；也就是说，每个库里亚都有一票，措施能否得到实施，取决于库里亚的多数投赞成票还是反对票。

需要进一步指出的是，这种大会不像现代的立法机构一样是一个代表机构，而是一次初级集会，也就是说，像新英格兰城镇会议一样的会议。在罗马，所有后

来的大会都和这种早期大会相似。罗马人从未学习，或者至少从未使用过代表原则——而这在当前的大国中，对于一个民治国家来说，没有这种机构是不可能的。这个机构对罗马的政治命运有多么重要，我们随后就能了解到。

13.罗马公民的权利

罗马公民的权利分为私权和公权。主要私权有两种，即贸易权（jus commercii）和婚姻权（jus connubii）。罗马法律规定，贸易或经商权指的是获得、持有以及遗赠财产（包括动产和地产）的权利。在古罗马，这是一项重要的权利。[①] 婚姻权指的是“订立完全和宗教的婚姻的权利”。这样的婚姻在早期罗马只可以发生在贵族，或者出身高贵的人们之间。

罗马公民的三种主要公权或政治权指的就是在公共大会上进行投票的权利（jus suffragii）、担任公职的权利（jus honorum）和向行政官提出呼吁投诉他人的权利（jus provocationis）。

这些权利结合在一起构成了罗马公民最为宝贵的权利。可以说，我们应该特别注意的是，罗马人采用了将这些权利进行分期授予的做法。例如，某座被征服城市的居民会被给予一部分的公民私权，另一座被征服城市的居民或许会被给予所有这个阶层的权利，然而对于第三座被征服城市的居民来说，则可以被授予所有的权利，包括私权和公权。在罗马王国，这种方法创造了许多不同阶层的公民；正如随后会出现的一样，这是同罗马内部史联系在一起的最重要的问题之一。

14.贵族和平民

在早期罗马，存在着两个阶级或阶层，即大家所熟知的贵族（patricians）和平民（plebeians）。[②] 贵族在这个国家是世袭的，他们独自享有所有的公民权利，正如在上一节所列举的那样。恰如我们能够直接看到的，虽然他们会同平民分享一些私权，但是却把一些主要的政治权利看得像本阶级的神圣遗产一样，小心翼翼地

---

① 在一些现代国家里，外国人是不允许获得地产的；在罗马法律条文里，外国人的贸易权是要受到部分抑制的。

② 就早期罗马人口的这种划分起源，虽然有很多理论，但是，却没有固定的说法。可能的是，贵族是入侵的印欧人种的后代（第3条），平民则是受支配的非雅利安人的后裔。参见弗兰克《罗马帝国主义》第12页。

加以守护。

平民是社会中较为卑微的成员。虽然该阶层中的一些人是生活在罗马的店主、工匠和体力劳动者；但是，更多的人则是生活在城外分散各处的小村庄里的小地主，他们会用双手耕种自己只有几英亩的小农场。

根据已有的说法，可以看出，这些平民至少拥有罗马公民最为重要的权利之一，也就是说，从事贸易的私权。但是，相对大多数公民的其他权利和特权，他们则被完全排除在外了。他们既无法同任何一个贵族阶层订立合法婚姻，又无法担任公职或者对法官的判决进行上诉。作为一个共和政体，罗马早期历史的一大部分就是由这些平民改善他们的经济状况和确保他们能拥有同贵族一样的社会和政治平等的斗争构成的。

第三节　宗教

15.罗马历史上宗教的地位

在罗马，正如在希腊的古城邦里一样，宗教，除了是家庭和地方的信仰外，还是一项国家大事。城市的行政官拥有一种祭祀或神职特征；既然近乎每一种官方行为都在某种意义上与神殿的仪式或祭坛的献祭联系在一起，那么罗马人的政治史与他们的宗教紧密地交织起来就不足为奇了。

16.宗教的实际和法律特征

罗马人认为，诸神注意他们崇拜者的行为就像对自己的事情一样感兴趣。因此，罗马人是非常虔诚的，往往在侍奉神明上一丝不苟。然而，他们侍奉诸神并非不求回报；他们会因为自己献给诸神的祭品、挂在诸神神殿里的礼物、在环形广场和圆形竞技场内为诸神提供昂贵的娱乐和精彩表演而期待从诸神那里获得同样多的回报。

而诸神则准备满足这种期待。他们为自己忠实的信徒提供忠告和帮助，确保他们获得大丰收和事业上的成功。另一方面，如果忽略诸神，就会激怒他们，致使他们为不忠实的崇拜者带来各种各样的麻烦和灾难——国家内部的纷争、军队打败仗、干旱、火灾、洪水、瘟疫和饥荒。

罗马宗教另一个值得注意的特点是其法律特征；因为罗马宗教是诸神与其崇拜者之间的一种契约。假如崇拜者履行契约中自己的义务，那么，诸神就一定会履行他们的义务。

但是，罗马人随时准备利用契约中的漏洞，在交易中额外获利。他们的神是以自己为原型想象出来的，所以罗马人认为，神也会以一种类似的方式行事。因此，为了确保在订立契约的过程中没有可能被诸神利用的漏洞，他们在表现所有规定的宗教仪式时，都忧心忡忡。普鲁塔克（Plutarch）说，有时候，祭祀会被重复30次，因为每一次都会有一些疏忽或者错误。

17.罗马主神

在罗马万神殿前面矗立着朱庇特（Jupiter），这位神明与希腊神话中宙斯（Zeus）的基本属性都相同。他是罗马人的特别保护神。人们在卡匹托尔山（Capitoline Hill）顶上建造了一座金碧辉煌的神殿，里面供奉着朱庇特、他的妻子朱诺（Juno）以及智慧女神密涅瓦（Minerva），他们一起俯瞰着广场和这座城市。

战神马尔斯（Mars）是最受欢迎的神明，并传说他是罗马民族的祖先，他们喜欢称呼自己为“马尔斯的子孙”。他们证实了自己配得上战神后代这个称号。人们会在罗马年的第一个月举行比武节目和庆祝来纪念他——那是开花时节，现在仍然是，为了纪念他，人们把这个月称为“March”①。

一枚罗马硬币上的两面神雅努斯头像

雅努斯（Janus）是一位长着两个脸的神明，对他来说，1月②是神圣的，神圣的还有所有的大门和房门。其神殿的大门在战时一直打开，在和平时期则一直关闭。

---

① 马尔斯的英文名Mars，与3月的英文名March很相似。

② 雅努斯的英文名Janus，与1月的英文名January很相似。

壁炉上的火被认为是女神维斯塔（Vesta）的象征。她是罗马人最喜欢的一个崇拜对象。作为一个单一的大家庭，这个国家也在维斯塔的神殿里拥有一个共同的全国性壁炉，圣火会由六个贞女——罗马女子来负责，世代相传，确保其一直燃烧下去。

18.预言和占卜

罗马人，像希腊人一样，认为诸神的旨意通过预言，以及奇怪的景象、非同寻常的事件或者奇异的巧合来传达给凡人。在罗马，并没有真正的预言。因此，罗马人常常求助于那些希腊人。特别是在一些重大的紧急情况下，他们会向著名的阿波罗神谕寻求建议。以动物内脏占卜的占卜师或占卜技巧被从伊特鲁里亚介绍过来，这种技巧主要通过观察祭祀用的祭物内脏的外观来发现诸神的旨意。[①]

19.神圣社团

4个主要神圣社团分别是《西卜林书》保管者（Keepers of the Sibylline Books），占兆官社团（College of Augurs），搭建桥梁者社团（College of Pontiffs）以及传令官社团（College of the Heralds）。

《西卜林书》是用希腊语写成的书籍，其源头遗失在传说中。它们被保存在卡匹托尔山顶神殿下一个拱顶的石匣子里，有专门的保管者来管理和解释它们。只有在极度危险的情况下才会查阅《西卜林书》（第58条）。

占兆官社团成员的义务就是解读预兆——它们是偶然的景象或外观，特别是鸟类的飞行——人们相信，朱庇特通过这种方式来表达其旨意。正如人们所说的那样，“读取预兆”需要高超的技巧。预兆未经事先查明是否有利之前，不管它们有多么重要，也无论它们是公共事务还是个人事务，都不会纳入考虑范围。

搭建桥梁者社团之所以有此称呼，可能是因为其成员的任务之一就是维修一座位于台伯河上的桥。这个社团是罗马人所有宗教机构中最为重要的；因为所有宗教事务的监管都属于搭建桥梁者。社团负责人被称作大祭祀长，或者“首席桥梁建造者”，这个头衔是由罗马皇帝认定的，皇帝之后，则由罗马的基督教主教认定；因此，这个名字一直沿袭到我们的时代。

---

① 这种技巧最初起源于巴比伦王国，可能是由小亚细亚传来的。

通过观察祭物肠子外观的方法来占卜

对罗马人来说，这是一种预测未来事件的常用方式。

传令官社团负责所有涉外公共事务。因此，倘若罗马人遭到其他国家任何不公正的待遇，战争就要发动起来，然后，传令官的职责就是前往敌对国家的边境，将一根带血的长矛抛过边界。这就是宣战。罗马人对这种仪式的实施非常谨慎。①

20.神圣的运动和节日

罗马人有许多宗教运动和节日。其中最著名的就是所谓的环形广场运动，它们非常类似于希腊人的奥运会。这些运动主要包括赛马、摔跤、赛跑和各种各样的其他竞技比赛。

这些节日，正如希腊的那些节日一样，基于一种信仰，即诸神喜欢高超技艺、力量或耐力的展示；他们的愤怒可以为这样壮观的场面所安抚；或他们可能会为活动的展望所说服，在重大的紧急事件中为凡夫俗子提供助力。② 每年开幕式上，

---

① 除了有学问的社团成员，还有被称作“弗拉门”的祭祀，他们负责朱庇特、马尔斯、奎里努斯以及其他特殊神明崇拜的照管。

② “运动是为客人（诸神是‘最尊贵的客人’）提供的一种娱乐方式，人们认为，这些活动对他们来说无疑类似于一位近代欧洲君主观看阅兵或者猎鹿一样令人高兴。”——惠勒，《狄俄尼索斯与永生》，第11页。

对罗马的行政官来说，以国家的名义向诸神承诺会为他们举办活动和节日成了一种惯例。一年中，诸神则需要向罗马人保证好收成、防止瘟疫以及他们的军队能够打胜仗。

到共和国末期，这些运动失去了大部分的宗教特征，最后只是变成了野心勃勃的领导人为了赢得声望而进行的残酷表演。

农神节（Saturnalia）是一个为了纪念播种之神萨图恩（Saturn）而在12月举行的节日。庆祝期间，所有阶级，包括被允许像自由民一样行事的奴隶，都会投入到狂欢的活动中去；因此我们赋予农神节一词以重要意义。今天著名的罗马狂欢节就是古代农神节的延续。

第四节　王政时代的罗马——传说时代

（前753–前509）

21.传说的国王

早期罗马政府是个君主政体。根据传说，罗马王政时代延续了将近250年（前753[①]—前509）。贯穿这一时期的是罗马人传说中的七位国王的统治——罗马的创建者罗慕路斯（Romulus）；立法者努马（Numa）；征服者托里斯·奥斯蒂吕斯（Tullus Hostilius）和安库斯·马尔西乌斯（Ancus Martius）；伟大的建设者塔克文·普里斯库斯（Tarquinius Priscus）；政府的重组者和国家的第二位创建者塞尔维乌斯·图利乌斯（Servius Tullius）；傲慢的暴君塔克文·苏佩布（Tarquinius Superbus），他的压迫导致王庭的人们将其废除。[②]

---

① 现代发掘的古迹和研究已经确定了这样一个事实，在公元前8世纪之前，罗马这个地方就存在着一个定居点，但是有必要记住这个城市创立的传说年份（前753），因为罗马人就是从那一年开始计算年份的。

② 对于早期罗马一些最为著名的传说，参见早期罗马传说，在本章最后部分。

这些君主的所作所为以及发生在他们身上的事迹完全与传说混淆起来。我们甚至无法十分确定他们的名字。然而，关于最后三位统治者（他们都来自于伊特鲁里亚人塔克文家族）治下的罗马事务，一些重要的事情之间是有关联的，我们可以在一定程度上信赖这些重要事实；我们将会在下面几节里注意到这些问题。

22.塔克文家族治下罗马的崛起

塔克文家族把他们的权威扩展至拉丁姆的大部分领地上。因此，被赋予至高无上地位的罗马城，无论在人口还是重要性上，都获得了快速发展。原来的城墙在快速增长的人口面前，很快就变得局促起来；新城墙修建起来——传说在国王塞尔维乌斯·图利乌斯的指引下——一条7英里长的城墙，将台伯河南岸上整整七座山丘环绕在内，由此，罗马获得了“七丘之城”的称号。

马克西姆下水道

直到最近，“大阴沟”存留下了的拱形结构还被认为是源自伊特鲁里亚人，但是，1903年在广场上发掘的古迹证明，它最早追溯至共和时代晚期。

在主要山丘之间有一大片沼泽地带，此处是通过一个大的下水道或排水管——马克西姆下水道（Cloaca Maxima）——开垦出来的，后来，它为一块砖石建造的拱顶所覆盖。于是，这块开垦的土地就变成了广场，早期罗马城的公共市场。在这个公共广场的一端，正如我们应该称呼它的，是户外集会场（Comitium），一处可以召开会议举行投票的围场。在户外集会场和公共广场之间的分界线上矗立着发言者的讲台，后来又被称作舰首讲坛（Rostra）①。这个集会场地后来被扩大了，装饰有各种各样的纪念碑，并被华丽的建筑和门廊围绕起来。在古代，这里讲的话、做的决定比任何其他地方都多。

23.塞尔维乌斯·图利乌斯改革：五个阶层和四个新部落

从名字中就可以看出，塞尔维乌斯·图利乌斯（Servius Tullius）是来自伊特鲁里亚家族的第二位国王，传说把罗马国家宪法的一项重要变化归功于他。② 他让财产而不是出身成为公民尽义务，尤其是服兵役的基础。

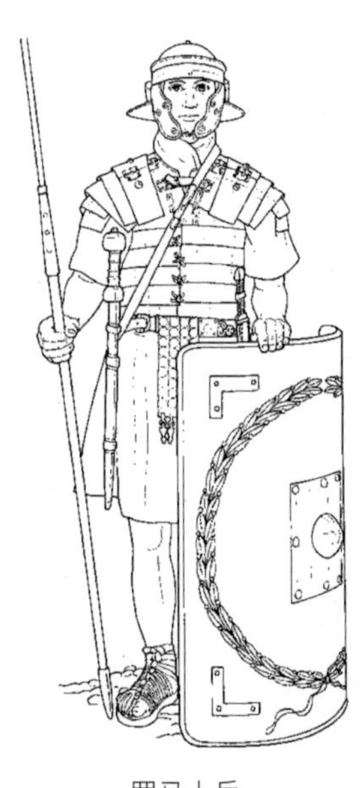
罗马士兵

最初，罗马的军队包括3000名步兵和300名骑兵，由三个部落均摊。传说证实，这支军队到塔克文·普里斯库斯当政时，人数增加了一倍。但是，这个日渐强大的国家——征服使罗马的领土和人口都得到了增加——现在需要一支更加庞大的军队。塞尔维乌斯·图利乌斯通过要求所有年龄在17至60岁之间的土地所有者服兵役来增加军队的人数。根据每人占有的土地面积，服兵役的人可以划分为五个阶层。最大的土地所有者，因为大部分都是贵族，进入了前三个阶层，他们被要求提供重型盔甲；较小的地主构成了余下的两个阶层，他们只是被要求提供一件轻型的装备。

与此同时，现在又创立了四个新的部落，用以取代三个旧有的部落，而且每个部落都占有城市一部分的地区以及城墙外边的一部分领地。③ 虽然这些对人口的新划分被称为部落，但是，它们的特征与之前那些以部落

① 之所以这样称呼，是因为它饰有俘获的敌船船首。

② 改革本身是一种历史事实，但是，它也许并未受到任何特定国王的影响。它可能是政治制度长期缓慢发展的结果。

③ 后来，在国王被驱逐后（第27条），这四个部落被限制在城市里，外面的领土则分成了17个新部落，也就是众所周知的农村部落。

为名的划分有着很大的不同。在旧部落里，成员资格由出生或者关系决定，然而在新部落里，成员资格却是由居住的地方决定的。①

24.军队；军团

军事组织单位是百人队，正如名字（*Centuria*）所示，在这个时期，一个军事组织单位可能包含100个人。② 42个百人队组成一个军团，当时，一个军团的人数可能是4200人，这也是它的常规力量，直到共和国末期都是如此。军团的战术队形是古老的希腊方阵，这似乎是从大希腊地区的多里安人城市那里学来的。这种军团方阵可能有一个500人的前列，一个6列的纵深。重装公民组成前列，轻装公民组成后列。

塞尔维乌斯改革时期，有4个军团。其中，两个军团由较年轻的人组成，用于野外作战；剩余的两个由较年长的公民组成，组成地方防卫部队。除了这4个军团外，还有一支1800人的骑兵，由最富有的土地所有者组成。这使得军队的整体力量，包括野外作战和内部防守，达到了2万人的规模。

25.百人大会（Comitia Centuriata）

需要服兵役的那些人被组成百人队和一个阶层，他们的集合地点正好在城墙外面大平原上一个叫作战神广场的地方。这些军事序列的集合被称作百人大会。在这个机构中，平民通过增加土地所有者的数量而逐渐获得巨大的影响力，随着时间的推移，他们掌握了早期立法机构的大部分权力。

26.塞尔维乌斯改革的重要性

塞尔维乌斯·图利乌斯改革是这个国家两个重要阶级——贵族和平民——迈向建立社会和政治平等的重要一步。新宪法，确如蒙森所说，主要把义务，而不是权利分配给了平民；但是，平民先是呼吁免除公民最为重要的义务，不久后，又要求所有的公民权利；作为军队的在役者，他们能够让自己的要求得到满足。③

---

① 因此，这些新部落像我们的行政区或者乡镇。既然新领土是罗马人通过征服获得的，新部落便应运而生，直到最终增加至35个，这一数字从未被超过。

② 后来，人数增加了，以至于百人队丧失了所有的数字意义。

③ 罗马的这种改革运动是革命的一部分，看起来，所有达到城市发展阶段的希腊人和意大利人都参与了这次革命。因此，塞尔维乌斯·图利乌斯在罗马推行其改革时，雅典的立法者克里斯提尼也对雅典的宪法进行一项类似的改革。

27.驱逐国王

正如前面提到的，塔克文・苏佩布传说是罗马的末代国王。他被描绘成一个可怕的暴君，他的专横行为导致贵族和平民联合起来，把他和他的家人放逐在外。据罗马编年史家的记载，这件事发生于公元前509年，只比雅典暴君遭到驱逐晚了一年。①

罗马早期的传说②

罗马建城的传说。特洛伊被希腊人占领后，特洛伊的埃涅阿斯（Aeneas）受命运驱使，到意大利海岸寻找新家园。他起初来到一个叫作拉维尼乌姆（Lavinium）的地方，后来又到了位于阿尔巴山（Alban Mount）上的阿尔巴隆加（Alba Longa），其子孙在那里统治了很长时间。最后，一个篡权者夺取了王位，导致一对孪生王位继承人被扔进了台伯河，而神明马尔斯则被宣称是他们的父亲。盛着婴儿的摇篮被湍急的水流冲到了陆地上。一匹母狼为孩子们的哭声所吸引，找到了他们，并且体贴入微地把他们养育起来。后来，一位牧羊人发现了这对被母狼喂养的婴儿，将他们带回了家，把他们同自己的孩子一块抚养。

长大成人后，罗慕路斯（Romulus）和雷穆斯（Remus）——兄弟俩的名字——处死了那位篡权者，他们决心在他们被发现和获救的地方建造一座城市。不幸的是，在谁应该给这座新城命名的争吵中，雷穆斯被他的哥哥杀死了。这样，罗慕路斯成了这座城市的唯一创建者，其名字也因为他被称作罗马（Rome）。

罗马人劫夺萨宾女人做妻子。这座新城因为罗慕路斯而成了所有周边国家不满现状的人和犯罪分子的避难所，而且，不久就变得人口众多，比拉维尼抑或阿尔巴隆加中的任何一个都更为强大。但是，它的居民中几乎没有女人。罗慕路斯因此派出使者去周边城市询问，看他的人民能否从它们那里娶到妻子。但是，毗邻诸国都不乐意同那座城市的男人联姻。于是，罗马的青年人决定用暴力来取得他们通过其他手段得不到的东西。罗慕路斯安排了一个盛大的节日庆典，邀请所有附近的国

---

① 参见《东方国家和希腊（修订本第2版）》，第203条。

② 引自李维，《罗马自建城以来的历史》，第1、2章。关于这一点，请阅读麦考莱的《古罗马叙事诗》。

家前来庆祝。萨宾人带着妻子和女儿蜂拥而至。在节目上演的时候，罗马的青年人发出事先设定好的暗号，冲进了观众中间，抓住并掳走他们客人的女儿，将她们带回家。这种违背待客之道的行为导致了一场受伤害的萨宾人反对罗马人的战争。然而，斗争双方之间的和平却是由年轻的女人们实现的，她们作为俘获者的妻子，已经同命运达成了和解。两个国家因此而合二为一，萨宾人搬到了七座山丘中的一座上。然而，每个国家都保留了自己的国王，但是，等到萨宾国王提图斯·塔提乌斯（Titus Tatius）去世，罗慕路斯就成为罗马人和萨宾人共同的国王了。在一场雷电交加的暴风雨中，罗慕路斯飞升上天，努马·庞皮留斯（Numa Pompilius）便取代他进行统治。

霍拉提三兄弟（Horatii）和库里亚提三兄弟（Curiatii）之间的决斗。随着时间的推移，罗马和阿尔巴隆加之间爆发了战争。这可以称作是一场内战，因为罗马人和阿尔巴人都是特洛伊流亡者的后代。两军正准备开战，这时有人提议，争议应该由被称为库里亚提的阿尔巴三兄弟和以贺拉提闻名的罗马三兄弟之间的决斗来决定，获胜的一方的民族将会统治另一方。信号一发出，战斗就开始了。罗马三兄弟中的两个不久就倒地身亡，库里亚提三兄弟都受了伤。罗马三兄弟中的幸存者并未受伤，但却遭到库里亚提三兄弟的围攻。为了避免他们的联合攻击，他转过身来，开始逃跑，并且还在想着，他们受了伤，在追赶他的过程中肯定会分散开。后面发生的事情也确实如此，当霍拉提边跑边往后看时，他发现追赶自己的库里亚提兄弟之间已经错开了距离。他转过身来，开始进攻追赶者，最后将他们逐个除掉。

因此，根据两座城市事先订立的条款，以双方勇士搏斗的结果为条件，罗马获得了对阿尔巴隆加的控制权。但是，罗马人和阿尔巴人之间的同盟不久就破裂了，接着，罗马人拆除了阿尔巴隆加的房子，将所有居民都带到了罗马，使其与罗马这个国家融为一体。①

贺雷修斯·柯勒斯的功绩。塔克文家族被从罗马驱逐后，恳求伊特鲁里亚的一个强大城邦克鲁西乌姆（Clusium）的国王波塞那（Porsenna）支持他们的事业，帮助他们夺回在罗马的王权。波塞那耐心地倾听了他们的请求后，对罗马发动了战争。当他的军队靠近罗马时，所有周围地区的人们都急匆匆地往城门里奔逃。有一个叫作贺雷修斯·柯勒斯（Horatius Cocles）的人非常勇敢，以一己之力阻止了敌人

---

① 关于这个故事的续集，参见李维，《罗马自建城以来的历史》，第1章，第26页。

向城内挺进。这个人被派到苏布里齐桥（Sublician Bridge）上防守，该桥从贾尼科洛山（Janiculum）上的要塞横跨台伯河。贾尼科洛山已经被敌人占据，山上的防御者正在混乱不堪地从桥上撤退，战胜者则紧随其后。贺雷修斯·柯勒斯跟在他逃跑的同伴后面叫喊着把这座桥给破坏掉，而他自己则把追赶者阻止在了海湾里。在桥更远的入口处表明自己的立场后，他在两位同伴的帮助下，牵制住了敌人，与此同时，桥被捣毁了。当桥垮掉掉进水流中时，柯勒斯跃进水里，在猛冲之中，安全地游向了罗马一侧。他用自己的勇猛拯救了罗马。他心怀感激的同胞为了纪念他，竖起了一座雕像，并通过投票给了他一块他一天内能够耕完的土地。

穆奇乌斯·斯卡沃拉（Mucius Scaevola）的刚毅不屈。波塞那未能通过突袭拿下罗马，便试图通过常规的包围来消耗它。围困很长一段时间后，一个名叫盖乌斯·穆奇乌斯（Gaius Mucius）的罗马青年决心通过潜入敌营，杀死波塞那的方式来解除这个城市的被困状态。然而，因为失误，他杀死了国王的秘书而不是国王本人。他被抓住并带到波塞那的面前，国王威胁要用火刑惩罚他，除非他能将罗马人的计划和盘托出。为了向国王展示他根本不会为威胁所动，穆奇乌斯把右手伸进身边的火焰里，并且毫无退缩地放在那里，直至被火烧掉。波塞那为这个青年的刚毅不屈所感动，在未加惩戒的条件下，将其释放。由于失去了右手，穆奇乌斯得到了“斯卡沃拉”（*Scævola*）——“左撇子”这个外号。

02

第二阶段

罗马共和国

前 509—前 31

第三章　共和国早期；平民向贵族要求平等权

（前509—前367）

28.共和国行政官：执政官和独裁官

随着君主制被推翻和末代国王及其家族被逐出罗马，人们开始对政府进行重组。取代国王的是人们选举出的两位贵族行政官，他们起初被称作“领导人”，但是，后来又被称作执政官。这些行政官一年一选，除了一些祭司的职责外——由王政时代的国王行使，他们被赋予了所有的权力。在公共场合，就像过去的国王一样，每个执政官身后跟着12个扈从，每个扈从都手持一根“令人敬畏的束棒”。

手持束棒的扈从

这些官吏们手持具有象征意义的束棒可能源于伊特鲁里亚人。据说，塔克文家族把它们同其他国王之职的徽章一起带入了罗马。

每个执政官都拥有阻止另一个执政官行动或者否决另一个执政官命令的权力。这被称为“提出否决的权力”。这种分权的行为削弱了行政官的权力，以至于在面临巨大的公共危险时，有必要通过任命一位拥有独裁官头衔的特别官员来取代执政官们。独裁官的任职期限为6个月，在此期间，他的权力像之前的国王一样不受任何限制。独裁官通过一位根据元老院指令来行事的执政官任命，这种指令则是必须要遵守的。他的身后跟随着24位扈从。

任职期间，执政官不受任何法律或宪法程序的弹劾或影响；但是，任期届满后，他可能会因为任期内的任何不当抑或非法行为而受到起诉。这个规定适用于共和国时期的所有其他行政官。

29.通过《瓦勒里安法》（前509）保留的申诉权

我们已经看到，几乎所有属于国王行使的权力都被毫无保留地转交给了执政官。但是，王权被推翻的那一年，执政官的权力在一个非常重要的方面受到了限制。执政官普布利乌斯·瓦勒里乌斯（Publius Valerius）通过了一条关于申诉权的法律条文，即著名的《瓦勒里安法》（Valerian Law），它禁止任何行政官，除了独裁官，未经申诉和百人大会的审判而将任何罗马公民处死。然而，行政官作为军事统帅处在城外时，这条法律对他们则不具有约束力。从这时起，行政官的扈从在城里跟随行政官时，就把束棒上的斧头卸下来，因为这象征着对任何公民在城里行使死刑的权力被剥夺了。

这种对行政官审判的申诉权，后来从涉及生死的案件延伸到了鞭刑，它对那些在专横的行政官手中遭受不公正和残忍对待的公民来说，成了一种非常重要的安全措施。这条法律颁布500多年后，遭受狱卒鞭笞的使徒保罗指责他公开殴打一位未受审判的罗马公民，狱卒因此极为恐慌。①

30.平民的第一次出走（前494）

罗马早期的债务法非常严苛。在塔克文家族遭驱逐之后的混乱和战争时期，贫穷的平民欠了富有阶层的债务，在偿还的时候，又会遭到无情的勒索。欠债人成了

---

① 《使徒行传》，第22章，第25至29页。还是在这条法律之下，虽然后来经过了修订（它在公元前449年经过修订和批准，并于公元前300年再次经过修订和批准），保罗在非斯都面前指控，并向恺撒申诉（《使徒行传》，第35章，第11页）。

其债权人的绝对财产，债权人可以将其卖作奴隶来偿还债务，在某些情况下，甚至可以将其处死。

这种情况是无法忍受的。平民们决定从罗马出走，在附近的一个高地——即后来著名的圣山——上建造一座属于他们自己的新城。有一次，在被命令去抵抗入侵时，他们拒绝向敌人进军，而是一起从罗马撤离，到那个事先选好的地方去，并开始为建立家园做准备。

31.协议与保民官

贵族们很清楚，这样的分裂会导致对国家的毁灭性破坏，他们必须说服平民放弃自己的计划，并返回罗马。执政官瓦勒里乌斯受命去同反叛者谈判。平民起初非常固执，但后来还是向使者屈服，同意返回，正如人们所言，胜利的取得归功于一位智慧的元老，是他很好地运用了“肚子与器官”这个著名的寓言。

接下来进入协议阶段，与之连在一起的是最为庄严的宣誓：贫穷平民的债务一笔勾销，被当作奴隶的债务人全部释放；两位（该数字不久就增加到十个）被称作保民官的平民行政官经由平民大会①选举出来；保民官的职责就是看护平民，使他们免受贵族行政官的不公正对待。

保民官可以保护平民不仅仅是名义上的，保民官被赋予了一项著名的非凡权力——“帮助权”；也就是说，如果任何贵族行政官试图欺压一个平民，他们被赋予了宣布其行为无效或者阻止其继续这样做的权力。②

保民官是不可侵犯的，就像传令官或使节一样。任何阻止保民官履行其职责或者向其施暴的人都将被宣布为歹徒，任何人都可以诛杀他。人们总是很容易就能找到保民官，他们不能走出城墙外超过一英里远，他们的房门必须日夜敞开，这使得任何遭受不公的平民都可以在任何时候逃到那里寻求保护和避难。③

---

① 这种起源不明的大会就是著名的部落大会。

② 然而，当执政官身为军事首领，并远离罗马时，保民官的权力就影响不了执政官，但是，在所有其他情况下，执政官甚至可以因为不服从命令而被逮捕和监禁。

③ 罗马作家认定，这段时期为关于公有土地处理的争吵的开始时期。这个土地问题在罗马是个永久性问题。我们将把这个话题同伟大的改革家提比里乌斯和盖约·格拉古联系起来。参见第86至88条。

33.边境战争和边境故事；辛辛纳图斯（Cincinnatus）

早期罗马与其拉丁盟友的主要敌人是沃尔西人（Volscians）、埃魁人（Aequians）、萨宾人和伊特鲁里亚人。共和国创建100多年后，罗马几乎要么独自，要么同其盟友一起不断地与这些民族中的一个或另一个抑或所有这些民族打仗。但是，这些行动不能被认为是真正的战争。对于交战双方来说，他们充其量只是进入敌方领土进行抢掠或掠夺牲畜罢了。如果我们把它们比作英格兰与苏格兰之间早期所谓的领土战争的话，我们就不应该对它们的真实特征持有错误的看法。就像苏格兰战争一样，它们被罗马的故事讲述者用最为华丽和生动的故事加以美化。其中最有名的便是辛辛纳图斯的故事。这个传说讲述了执政官之一在外同萨宾人战斗时，埃魁人是如何击败其他军队，并把他们阻截在一个狭隘的山谷里无路可逃的。军队面临的危局传至罗马时，城里产生了巨大的恐慌。元老院立即任命世系久远的大贵族辛辛纳图斯为独裁官。元老院派出的送信给他的特使发现，他正在台伯河对面自己的小农场里犁田。辛辛纳图斯立刻接受了任命，召集起罗马军队，包围、俘获了敌人，并迫使他们全部从轭门①下钻过。然后，他率领得胜之师凯旋，辞去了仅仅担任16天的职位，再次回到了自己的农场。

32.十人委员会和十二铜表法（传说为前451—前450）

在这些小规模的边境战争为冒险和英雄主义的故事提供素材时，贵族和平民之间的斗争正在社会内部不断地进行着。该斗争的一个阶段构成了罗马历史的一座里程碑，那就是对国家风俗和法律书写的修改和删减。

成文法一直是反抗压迫的重要保障。在什么会构成犯罪和什么会是相应的惩罚被清楚地写下来，并为所有人知晓和理解之前，行政官可能会做出不公平决定抑或给出不公正惩罚，而且还不承担被叫来做解释的风险——除非他们做得太过分了；因为，除了他们自己，实际上没有人知道什么是法律，什么是惩罚。所以，在人们反对统治阶级暴政的所有斗争中，对成文法的要求是他们为了保护自己的人身和财产而采取的首要措施之一。于是，雅典平民在他们早期同贵族的斗争中，要求并获得一部成文法典。现在，同样的事情发生在了罗马。平民要求把法典写下来，并且

① 轭门由两根长矛插在地上，然后在离地几英尺的地方放上第三根。作为投降的象征，战俘被迫从轭门下通过。

公布于众。贵族们对他们的愿望做了顽强的抵抗，但最终还是被迫向民众屈服。

传说，一个委员会被派往意大利南部的希腊人城市和雅典学习他们的法典和惯例。当这个使团返回时，一个十位行政官组成的委员会，即著名的十人委员会（Decemvirs），受命起草一部法典。这些官员从事这一工作时，还要管理整个政府，因此，政府的最高权力都交到了他们的手里。贵族放弃了他们的执政官，平民则放弃了他们的保民官。第一年年终时，委员会的工作还远未完成，因此，一个新的十人委员会被选举出来，用以完成立法工作。法典不久就制定完成，法律条文被写在了十二个固定在广场演讲台的铜制牌子上，在那里，它就可以被所有人看见和阅读。

这些著名法律条文只有一小部分被保留了下来，但是，法典相当一部分的内容通过间接引用或提及出现在后来的作家和法学家的作品中。下列引语将使我们对这个早期法律体系——一个重要发展的起点（参见第192条）——的特征有一些认识。

关于对债务人处理的规定值得注意。法律规定，经过一定的宽限期后，债权人可能会把拖欠债务的人同牲畜放在一起，或用链条将其绑起来，把他卖给居住在台伯河以外的任何陌生人，或者把他处死。假如有好几个债权人，法律做了如下规定："在第三个集市日后，他（债务人）的身体可能会被分割掉。任何取走多于其应得份额的人都应该是无罪的。"后来的罗马作家告知我们，实际上，法律的这一野蛮条款从未生效过。

一条涉及父亲对其儿子权利的特殊条款提出："在儿子的一生中，他都有权囚禁、鞭打、令其戴着枷锁从事劳动、出售或杀戮的权利，即使他们在高级政府部门工作也不例外。"有一条法律揭示了大众迷信的盛行，该法律会惩罚任何用魔法使另一个人的庄稼枯萎的人。

数百年来，这些"十二铜表法"构成了所有涉及私人或个人权利的新立法的基础，组成了罗马青年人教育的一部分——每个学童都需要用心学习这些知识。

33.十人委员会的错误统治及其倒台；平民的第二次出走（前450）

第一届十人委员会运用赋予他们手中的巨大权力时都很公正和审慎；但是，倘若我们相信传说的话，第二届委员会在阿庇乌斯·克劳狄乌斯（Appius Claudius）的领导下实行了一种非常臭名昭著与暴虐的统治。没有人的生命是安全的，无论他是贵族还是平民。一位大胆谴责十人委员会的前保民官就被他们给暗杀了。

另一种甚至比这更令人发指的恶行显示了他们的十恶不赦。弗吉尼娅（Virginia）是个平民的女儿，渴望将其据为己有的阿庇乌斯·克劳狄乌斯滥用自己的权力，宣布她为奴隶。女孩的父亲宁愿女儿死掉，也不愿意接受这样的屈辱，便亲手把她杀了。接着，他从她的胸口拔出武器，赶往远离罗马、正在抵抗萨宾人和埃魁人联合入侵的军队，出示带血的刀，向人们诉说他的愤怒。①

战士们万众一心，启程赶往罗马。这个刺激导致大量罗马人，主要是平民脱离了国家，迁往圣山（Sacred Hill）。这一步骤以前被证实可以有效地为受压迫者伸张正义，现在也具有类似的效果。形势非常危急，十人委员会被迫解散。执政官和保民官的职位都得以恢复。

34.《瓦列里乌斯-赫拉提乌斯法案》；“罗马大宪章”（前449）

被选出来的执政官是卢修斯·瓦列里乌斯（Lucius Valerius）和马库斯·赫拉提乌斯（Marcus Horatius），他们让著名的《瓦列里乌斯-赫拉提乌斯法案》（*Valerio-Horatian Laws*）获得通过。这些法律具有宪法意义上的重要性，以至于被称作“罗马大宪章”（Roman *Magna Charta*）。恰如伟大的英国《大宪章》一样，它们的目的并不是为了创造新的自由保障措施，而是为了重申和强化已有的对罗马下层人民的权利的安全。在这些法律条款中，下列几条是最重要的：

1.平民部落大会通过的决议，如果得到元老院的批准②，就具有法律效力，应该同百人大会的决议一样对所有人具有约束力。

2.使保民官具有神圣不可侵犯地位的法律应该再次被确认，其适用范围应该延及一些其他平民行政官，对任何平民行政官造成伤害的人都应该受到诅咒，其财产应该被奉献给神明。

3.保民官应该被允许作为听众坐在元老院门前。因其导致的结果，我们知道这是一个重要的让步；因为不久，保民官就获得了如下权力：首先是坐在元老院会议大厅内，其次是通过使用否决权阻止元老院的任何行动。

---

① 李维，《罗马自建城以来的历史》，第3章，第44至50页。这则故事可能是虚构的，但是，它至少勾勒了一幅生动而真实的时代图景。

② 我们的权威人士在此（李维，《罗马自建城以来的历史》，第3章，第55页）没有提及任何条件。然而此时，既然库里亚的批准对给予百人会议上人们的行为的合法性是必要的，部落大会上平民的措施就必须服从于一样的条件就是一个合理的推测。后来，这两种大会均从库里亚的手中解放了出来。参见下面第41条，第2个注释。

我们可以总结一下这些法律的影响：它们使保民官和其他平民行政官，以及平民大会成为罗马共和国宪制的一个公认的组成部分。它们标志着国内两个阶级向平等化迈进了一大步。

35.贵族和平民间婚姻的合法化（前445）

直到那时，平民还没有获得同贵族缔结合法婚姻的权利。但是，《瓦列里乌斯–赫拉提乌斯法案》通过几年后，平民与贵族之间的婚姻就合法化了。

这确立了两个阶级之间的社会平等。现在，平民在继续争取更多的公民权利和同贵族一样的政治平等的斗争方面处于一个更加有利的地位。

36.拥有执政官权力的军事保民官（前444）

保民官卡努莱乌斯（Canuleius）还提出了另外一项建议，即平民也可以被选为执政官。这个建议导致了两个阶级之间的一次激烈的争论。这件事最终靠妥协解决。

大家一致同意，人们可以从两位治安官中选出一位，以取代两位贵族执政官，他们应该以“具有执行官权力的军事保民官”而为人所知。这些官员的数量是可以改变的，他们不同于执政官的一面，则更多地体现在名字而非功能或者权威上。实际上，平民已经获得执政官的职位，而不是执政官的称呼。

贵族尤其不愿意任何平民获得执政官的头衔，原因在于，执政官退休后可以享有一些尊严和荣誉，比如穿一件特殊衣服以及在自己家中供奉祖先画像的权利。贵族阶级希望这些荣誉为他们所专有。由于贵族在选举中具有巨大的影响，直到大约公元前400年，平民才有机会被选到这个新的职位上来。

37.监察官（前443）

平民一取得担任具有执政官权力的军事保民官的权利，那些嫉妒又排他的贵族们就开始密谋削夺他们获得的胜利成果。他们通过从保民官那里夺取一些该职位最为独特的职权，并把它们授予两位被称为监察官的新的贵族官员的方式来对此施加影响。

这些行政官的职权随着时间推移，逐渐扩大，并变得多且重要。他们对公民人数及其财产进行登记，然后把每个人都确定成不同的阶层。他们能够以不道德或任何不当行为而降低一位骑士的等级，把元老从元老院驱逐出去，可以把任何公民的名字从部落名册中删除而剥夺其投票的权利。他们的职责就是谴责生活中的铺张浪费，尤其是注意年轻人的道德品行。

38.围困和占领维爱（前405—前396）；伊特鲁里亚的罗马化

我们现在必须将注意力再一次转向战争中的罗马的命运了。几乎从这座城市创建开始，其好战的市民就在北方同强大的邻居伊特鲁里亚进行着激烈的斗争。战争最后集中在维爱（Veii）——伊特鲁里亚最大也最富有的城市——附近。最后，维爱被攻占，不计其数的战利品被运往罗马。

围困维爱成为罗马军事史上的一座里程碑。围困的时间和战争的持久——经冬历夏——让维持一支常备军成为必要，进而导致开始为军队支付薪水；因为，在此之前，普通士兵不但要自行准备武器，而且还得不到任何报酬。从那时起，职业军人开始越来越多地取代参军的公民。

攻取维爱之后，罗马军队随后攻占了伊特鲁里亚许多其他的城镇和整个伊特鲁里亚的北部地区，然后将这些地区划分成四个部落或行政区，并入了罗马，使罗马的领地增加了两倍。这个富有而诱人的地区因此为罗马人的进取心打开了方便之门，罗马移民开始大量涌入，不久，所有伊特鲁里亚的这些地方在举止、习俗和语言上都成罗马式的了。意大利的罗马化现在完全开始了。

南伊特鲁里亚被罗马兼并之后大约一代人的时间，一些依然保持着独立的伊特鲁里亚城市进行了一场不成功的反抗战争，这标志着伊特鲁里亚民族命运的一次决定性的转折。此后，他们一次又一次武装起来，反抗罗马的统治，但是他们的进攻不再是难以应付的了。依然留在这个民族身上的活力和力量逐渐为罗马人所吸收，伊特鲁里亚人和伊特鲁里亚文明，作为历史上一种独特的因素，在世界上消失了。

39.高卢人洗劫罗马（前390）

维爱陷落仅仅几年后，在罗马北方发生了一次针对罗马的冲击，这几乎缩短了我们正在讲述的历史。我们已经注意到，早期，来自高卢的凯尔特人部落越过阿尔卑斯山，在北意大利建立了自己的立足点（第1条）。当罗马人征服伊特鲁里亚城镇时，这些野蛮人部落正在向南方迁移，他们侵占和摧毁了中意大利的国家。

不久，他们就开始以罗马的邻居的面目出现在世人面前。一支罗马军队在距离首都几英里远的阿利亚河（Allia）上或河边与他们遭遇。但是，一种无法解释的恐慌攫住了罗马人，他们丢弃了领地，落荒而逃。大部分逃亡者躲在仍然存在的维爱城墙后面寻求庇护。

当可怕灾难的消息传到罗马时，整座城市都处在恐慌之中。维斯塔贞女急匆匆地把维斯塔神殿里的圣物埋藏起来，因为这些东西无法带走。接着，她们逃进了伊特鲁里亚，在卡厄瑞城（Caere）受到当地人民很好的招待。一大部分罗马人跟随她们穿过河流，挤进这些他们能够找得到的安全之地。除了避难所之外，人们没有为保护这座城市的任何部分而做防御性尝试。一则传说讲述了野蛮人在夜幕掩盖下攀爬陡峭的岩石和几乎要进入避难所入口时，防御者如何被一些鹅"嘎嘎"的叫声惊醒，挨饿士兵的虔诚使他们躲过了被杀的厄运，因为这些鹅是朱诺的圣鸟。

这时，高卢人得到威尼西亚人正在北意大利侵占他们领地的消息。这促使他们同罗马人展开谈判。高卢人同意以1000磅黄金作为他们从罗马撤出的条件。正如故事所述，当人们在广场上称量黄金时，罗马人抱怨称重有问题，高卢人的领袖布伦努斯（Brennus）把他的剑扔进天平里，喊道："败者活该遭殃！""被征服便意味着灾难！"然而，爱国的故事还在继续。卡米卢斯（Camillus），一位勇敢的贵族将军，被任命为独裁官。他率领一支由散卒组成的罗马军队出现了，经过猛烈的攻击，他驱散了野蛮人，并高呼："罗马是要用钢铁，而不是黄金赎回的。"有一种说法认为，布伦努斯成了俘虏；但是还有一个传说，说他带着赎金逃掉了。

这座城市很快被重建起来。然而，还是有一些东西是无法恢复的，它们是古代的记载和文件。由于这些不可挽回的损失，罗马早期的历史变得非常模糊和不确定。

40.《李锡尼法》；执政官向平民开放

这些事件之后，平民在争取与贵族平等权利的路上迈出了一大步——《李锡尼法》通过生效了。之所以叫《李锡尼法》，是因为其中的一位提案者保民官叫盖乌斯·李锡尼乌斯（Gaius Licinius）。这些法律条文中有若干条款需要我们注意：（1）具有执政官权力的军事保民官（第37条）一职应该废除，两位执政官像最开始一样要每年选举产生，其中的一位应该是平民；（2）《西卜林书》（第19条）的两位贵族看守者，将来应由10位看守者取代，其中的5位应该是平民。

贵族抵制了公众的要求10年，但是，当他们看到再抵制已经不可能时，他们就求助于旧有的策略。他们通过剥夺重要的司法职能并将其移交给一位名为"裁判官"的新的贵族行政官而削弱了执政官的权力。这样做的借口是，平民尚不具备神圣法律准则的知识。

元老院随后批准了这些提案，然后，它们就成为法律（前367）。现在，农民的儿子也可能一跃而成为国家的最高行政官。平民后来还相对轻松地获得担任其他职位的机会——这些都是贵族的嫉妒心仍要把平民排斥在外的。[1]

作为一个国家中两个阶级之间长期斗争最终结束的象征和纪念[2]，《李锡尼法》通过后一年，在公共广场附近修建了一座献给女神孔科耳狄亚（Concord）的神殿。阶级间的和解确保了罗马的未来。接下来一个世纪的成功征战使得罗马成了意大利的霸主，并为其进一步统治文明世界铺平了道路。

① 他们分别于公元前356年获得了成为独裁者的资格，公元前351年获得了成为监察官的资格，公元前337年获得了成为地方长官的资格。

② 虽然，随着执政官职位向平民的开放，两个阶级之间斗争的问题实际上解决了，但是，还缺乏某种能够完全表达平民胜利的东西。平民大会仍然受贵族控制的元老院的支配（参见第35条，第1个注释）。通过公元前287年著名的《霍腾西阿法》，平民大会才从这种控制中解放了出来，从而像百人大会（该机构已经于公元前339年通过所谓的披罗法而摆脱了元老院）一样，成了一个独立的国家立法机关，其法令对所有人都具有约束力。这一解放措施可以与1911年英国下议院摆脱上议院的最终控制相媲美。

第四章　意大利的征服与统一

（前367—前264）

42.罗马为公民创造了一个新等级；卡厄瑞的例子（前353）

本章将会讲述许多关于罗马公民的事情，所以以罗马新创造的一个公民等级来开始是最合适不过了。① 我们已经看到，夺取维爱之后，罗马人兼并了南伊特鲁里亚的一大部分领土（第39条）。这些领地的罗马化以及罗马权力在这些地区的威胁性的推进导致了若干伊特鲁里亚人城市的起义，其中就有卡厄瑞。起义很快就被镇压下去，起义的首领受到了惩罚。但是，卡厄瑞人却得到了宽大处理，因为在罗马遭受高卢人的破坏时，这个城市为维斯塔贞女和罗马神明的圣物提供了一处避难所（第40条）。他们的政治独立的确被剥夺了，他们的领土也被罗马兼并了，但是，他们可以管理自己的地方事务，还享有罗马公民的所有私权，只不过没有在罗马担任公职或在大会上投票的权利。②

43.罗马地方自治体系的开始

现在，罗马政治家在决定卡厄瑞同罗马的关系上所做的远不止创造一个新的罗马公民阶层或者等级这么简单。他们已经有意识或无意识地创造了一种新的地方自治体系。因为，到目前为止，我们确实知道③，罗马从没有以她对待卡厄瑞的方

---

① 可重读一下第13条。

② 赋予卡厄瑞市民的权利以“卡厄瑞法案”而为人所知。

③ 一些学术权威坚称，加贝伊是有史以来最早同罗马具有协约关系的城市，其他学术权威则认为图斯库努姆是最古老的罗马城邦，此地于公元前381年以某种形式受制于罗马。然而，这里提出的孰先孰后问题只具有古文物研究的意义。

式来对待过一个被征服的城市。阿尔巴隆加（拉丁姆居于领导地位的城市）被攻占时，国王们尚未被驱逐，据信，这座城市被摧毁了，那里的居民作为一个整体都迁入了罗马，同罗马人融合在了一起。维爱于公元前396年（第39条）被攻占时，大部分居民被杀死或卖作奴隶，被征服的群体被彻底瓦解，仿佛从来就没有存在过。

现在，应当承认，罗马不能通过因循这两种政策中的任何一种让自己崇高起来。然而，在对待卡厄瑞的问题上，她忽然幸运地想出了一种新的统治策略，这使得她能够把一座又一座被征服的城市并入自己不断增长的领土之中，直到她吞并了整个地中海世界为止。这一策略就是著名的地方自治体系，因为，罗马的作家们赋予了一座拥有像卡厄瑞一样身份的城市以自治市的名字。

如果在我们看待这个体系时，就像它已经存在于我们今天的政治体系中的话，我们将会对这一地方自治体系的基本特征有着彻底而深入的了解；因为，就其基本原则而言，我们所谓的地方自治体系便是从罗马那里继承而来的。我们政府体系中的自治市或自治城镇就是一座这样的城市，它位于这个国家内部并成为该国的构成部分，它在国家授予的特许状下运作，可以选举自己的行政官，并在国家或多或少的监督下，管理自己的地方事务。基本原则是地方自治，然而要在上级机关的指导下开展工作。这个自己的地方政治生活没有受到遏制的城市成了一个更大政治组织的重要组成部分。

这种形式的政府让人同时具有地方主义和爱国主义，既热爱自己所在的城市，又对城市所在的共和国事务有着兴趣并感到骄傲，它在意大利的形成可以用西塞罗的话加以证明，他说："我认为，每个自治城市的市民都拥有两个祖国，他既是其中一个的当地人，又是另一个的公民。我将永不否认自己对家乡的忠诚，也永不会忘记罗马是我更加伟大的祖国，阿尔皮努姆①（Arpinum）只是罗马的一部分。"

我们现在所说的要表达的是罗马地方自治体系在自由的自治政府发展方面占有重要地位的一些想法。这是罗马的伟大之处，也几乎是她对宪法政治史的独有的贡献，而且是继法律体系（第190条）之后，她赠予文明的最好礼物。

44.拉丁城市的反抗（前340—前338）

自治市的这种统治策略首先被罗马大规模地用在了拉丁姆附近的城市上。我们

---

① 西塞罗的出生地。选自《论法律》，第2章，第2、5页；斯特罗恩-戴维森援引自《西塞罗》，第6页。

已经看到这个地区的小城邦在历史初期是怎样形成著名的同盟，即拉丁同盟（Latin League）的，而罗马则是其中的领导者（第5条）。一开始，这种联合看起来有点像提洛同盟（Delian League）——它是希腊击退波斯人后，雅典与其伊奥尼亚（Ionian）盟友一起形成的。但是，随着时间的推移，罗马开始在同盟中扮演着雅典在提洛同盟中所扮演的角色。她利用自己起初与拉丁城镇之间平等同盟的地位使自己成了他们事实上的主宰，拉丁城镇也由盟友变成了附庸。他们对这种状况不满意，并作出决定，罗马应该放弃她事实上正在行使的最高统治权。因此，它们向罗马派出一个使团，要求它们之间的联合是一种完全平等的联合。为了这个目的，使者们建议，将来执政官中的一位应该由拉丁人担任，一半的元老院成员应该从拉丁国家中选出来。罗马成为共同的祖国，所有的一切都在罗马名义之下。

罗马的元老们听到使者们的这些要求，都感到惊讶和愤慨。“啊，朱庇特！”执政官之一的提图斯·曼利乌斯（Titus Manlius）在向神明的雕像致辞时喊道，“您难道能够容忍陌生人在您的圣殿里做执政官和元老吗？”①

拉丁盟友的要求遭到了拒绝，战争随之而来。经过3年左右的艰苦战斗，叛乱被镇压下去。罗马解散了拉丁同盟，并重新确立了她与其成员之间的关系。这个著名解决方案的本质是，大部分城市——有几个，三或四个，保留了它们的独立——变成了不同等级的自治市；也就是说，它们被剥夺了主权，它们的领地也成了罗马领土的一部分，但是，它们保留了自己城市的宪法，还被允许在罗马国家内部继续作为具有自治政府的独立社会而存在。有些自治市的居民立即获得完整的罗马公民权，然而，其他自治市的居民却只能获得部分的公民权。经过一段时间的观察后，这些具有一半公民身份的人②也全部被允许获得城市的完整权利。

罗马现在已经开启了走向伟大的征程。她已经奠定了一个国家的基础，该基础不像这个世界之前看到的任何东西，她是一个有巨大扩张能力的国家。“简而言之，由政治家开创的自由政策使得罗马城邦具备了统一意大利和使其成为一个民族的能力”③。

---

① 李维，《自建城以来的罗马史》，第8章，第5页。

② 即著名的没有选举权的公民，因为他们无法在罗马的大会上进行投票。

③ 弗兰克，《罗马帝国主义》（1914），第40页。

45.萨莫奈人

罗马人争夺意大利统治权时的最强大的竞争对手是萨莫奈人（Samnites），他们是粗野、好战的山地人，掌控着拉丁姆东南方的亚平宁山区。两个好战民族之间的持续斗争——古代作家讲述了三场战争——延续了半个多世纪（约前343—前290），在这个过程中，几乎所有意大利的国家都被卷进来。罗马人是最终的胜利者。萨莫奈人则被迫承认了罗马的霸主地位，与萨莫奈人结盟的国家和部落均受到严惩。萨莫奈人臣服后很短的一段时间内，除了他林敦（Tarentum），几乎所有南意大利的希腊人城市都臣服于帝国城市日益增长的权力之下。

在同萨莫奈人和他们盟友作战期间，罗马领土得到了极大的扩展，并通过殖民地和军用道路的方式确保了对这些地方的控制；正是在这段时间，罗马开始了那些举世瞩目的大道的修建，这些大道形成了后期帝国最为令人印象深刻的特征之一。这些大道中的第一条始于罗马，终于卡普亚（Capua），由监察官阿庇乌斯·克劳狄乌斯于公元前312年负责动工修建，并因为他而被称作“阿庇乌大道”（*Via Appia*）。

阿庇乌大道

46.与他林敦和皮洛士的战争（前282—前272）

他林敦是卡拉布里亚的一个海港，大希腊地区最为富饶的城市之一。其居民习惯过着奢侈、懒散以及轻浮的生活。他们会漫不经心地订婚和解除婚约，花大部分时间用于大吃大喝，在浴室里闲逛，看戏以及在大街上闲聊。

由于他林敦人虐待了一些罗马囚犯，罗马元老院立即派遣一个使团到他林敦要求赔偿。在剧院出席一次重要会议时，一位使者遭受了极大的侮辱，原因是他的托加袍在一群轻佻的人鼓掌时，被一个小丑似的家伙给弄脏了。于是，这位使者举起被弄脏的衣服，严厉地说："你们现在就使劲笑吧；但是，这件袍子用血来清洗的时候，你们就该哭了。"罗马立即宣战。

他林敦人向希腊求助。伊庇鲁斯（Epirus）国王、亚历山大大帝（Alexander the Great）的表弟皮洛士（Pyrrhus）是一个不安分的人，正如普鲁塔克所说，他"认为生活主要包括麻烦他人和被他人麻烦两部分"，他还野心勃勃地想在西方建立一个帝国，正如他著名的表亲在东方所建立的帝国一样。接受他林敦的恳求后，他率领一支希腊雇佣军和20头战象组成的军队进入了意大利。他把柔弱的他林敦人组织起来，对他们加以训练，不久就准备好迎战罗马人了。

两支敌对的军队在赫拉克利亚（Heraclea）遭遇（前280）。皮洛士因为自己的战象而赢得了这场战斗的胜利，因为罗马人从未见过这种场面，战象导致他们沮丧地逃离了战场。但是，皮洛士也失去了数以千计的最为英勇的将士。据说，在他巡视战场时，转身面向他的同伴，说道："倘若再来一场这样的胜利，我会被毁掉！"正因为如此，才会有"皮洛士式的胜利"这样的说法。

胜利者皮洛士的谨慎使他向罗马人发出了和平倡议。在元老院犹豫不决时，老迈而双目失明的阿庇乌斯·克劳狄乌斯以自己的雄辩为元老院的决议定下了基调。"罗马，"他大声说，"从不与胜利的敌人谈判。"使者被送回皮洛士身边，带回了罗马的回复：如果他想要和平，必须首先退出意大利的土地。

在再一次的像第一次那样损失惨重的胜利之后，皮洛士进入西西里，为那里的希腊人提供援助，因为他们正在遭受迦太基人（Carthaginians）的残酷压迫。起初，他无往而不胜，但是最后，幸运女神开始抛弃他，他很庆幸自己从岛上逃了出来。重新穿越海峡进入意大利后，他再次同罗马人交战，但是，却在贝尼温敦（Beneventum）遭受了灾难性的失败（前275）。留下足够多的军队守卫他林敦后，皮洛士乘船返回伊庇鲁斯，"除了辉煌的声誉，什么也没留下"。他林敦向罗马人投降时，他几乎是刚刚上船（前272）。这实际上结束了意大利霸主的争夺战。罗马不久就成了亚诺河（Arno）和卢比孔河（Rubicon）以南的整个半岛的主人。

47.统一的意大利

我们无法弄清楚罗马对置于其治下的不同城市、部落和民族行使了什么样的权力。[1] 然而，显而易见的是，她从它们手中夺去了发动战争的权利，并因此而终止了自古以来半岛上各部落和城市之间的血腥冲突。在将其具有约束性的权力施加到地中海地区所有的民族身上之后，她让意大利进入到“罗马和平”时期。

意大利的政治统一为半岛的社会和民族的统一铺平了道路。人类历史上最伟大的奇迹就是，作为一个当初只有少数农民的地方，罗马如何使大部分的古代世界在血缘、语言、习俗和举止上都变得像她自己一样。她把古代大部分民族罗马化的做法是人类历史上最为重要的事情之一。罗马在很大程度上通过其殖民体系来完成这一伟大创举，而这在某些方面却不像古代抑或现代的任何其他民族。我们必须使自己熟悉这一独特殖民体系的一些主要特征。

48.罗马殖民地和拉丁殖民地

罗马在被征服土地上建立的殖民地分为两类，就是大家所熟知的“罗马殖民地”和“拉丁殖民地”。罗马殖民地由300个从罗马搬迁过来的移民构成，这些人在新的居住地保留了罗马公民所有的权利——私人的和公共的，当然了，其中一些权利，比如在罗马公众大会上投票的权利，只有在殖民者返回首都时方能行使。这样的殖民地实际上是永久的军营，目的就是为了确保被征服领土的服从。通常情况下，在某个罗马殖民者占领的被征服城市里，原有的居民要么会全部、要么部分地被驱逐出去，抑或减少到一种受支配的状况。殖民者在他们的新家园内组织起一个几乎同罗马一模一样的政府，并通过他们的大会和行政官管理所有的当地事务。简而言之，这些殖民地只是母城的郊区。他们实际上只是许多缩小版的罗马——这些中心又通过辐射把罗马文化传递到它们周围的所有地区。

拉丁殖民地，之所以这样称呼，不是因为它们是由拉丁殖民者建立的[2]，而是他们在实际上享有旧拉丁同盟城镇一样的权利。拉丁殖民者享有罗马公民一些最为重要的私权，同时还具有通过移民首都和拥有当地的永久居住权来获得投票权，前提是他的儿子要留在拉丁城镇，来取代自己的位置。

---

① 我们这里指的不是罗马实际上并入其范围、占据了半岛大约三分之一的领土和地方，而是被赋予“意大利同盟”这一称呼的那些地方。

② 罗马人和拉丁人双方都参与了这些早期拉丁殖民地的创建，罗马殖民者放弃了他们的罗马公民身份，仅具有拉丁人身份。

波西里珀洞窟（在那不勒斯附近）

一处古老的罗马隧道，大约有半英里长，仍在阿庇乌大道上使用。

在古拉丁人的殖民地，殖民者身份与美国领土上居住者的身份之间，存在一个相似之处。任何一个州的公民在移民到另外一处领土时，他就会失去在联邦选举中的投票权，正如一位罗马公民成为一位拉丁殖民者后，会失去他在罗马大会上的投票权一样。话说回来，领土上的居民具有变换住处和在一国定居的权利，从而获得联邦选举权，正如拉丁殖民地上的居住者能够移民罗马，因此获得在那里的公众大会上投票的权利一样。

拉丁殖民地在第二次布匿战争时大约有30个，它们分散在意大利各处，用历史学家蒙森的话来说，形成了“罗马统治的真正支柱”。它们在传播罗马语言、法律和文化方面，在更大程度上甚至比罗马殖民地做得都要积极和有力。它们在使整个意大利罗马化方面是罗马的主要辅助者。所有这些殖民地都通过极出色的军用道路同首都保持密切联系，正如我们已经了解的，军用道路的建造始于萨莫奈战争期间（第45条）。

第五章　罗马向半岛外扩张

第一节　第一次布匿战争

（前264—前241）

49.迦太基（Carthage）及其帝国

腓尼基人（Phoenicians）在地中海不同海岸创建的城市里，最重要的要数位于非洲北部海岸的迦太基了。位于非洲最好的海港之一的有利位置为这座城市提供了巨大且有利可图的商业机会。当时，它已经发展成一座帝国城市，周长有23英里，由花园和郊区所覆盖。据说，城里居住着70万人。

当罗马在意大利扩张自己的权力时，迦太基通过和平殖民或武力征服，在非洲北部海岸占据了统治地位，并拥有撒丁岛（Sardinia）以及西西里岛的大部分。她还向科西嘉（Corsica）和西班牙南部的土著居民征收贡品。由于所有的海岸上都点缀着迦太基的殖民地和要塞，她的战舰在各个方向上都畅通无阻，西地中海已经变成了一个“腓尼基湖”。在这里，正如迦太基人所吹嘘的，没有人可以在未经允许的情况下洗自己的手。

迦太基在理论上是民主政体，但实际上却是寡头政治。与罗马的两位执政官相对应，迦太基也有两位执政官，居于国家机构的顶端。元老院由主要家族的族长组成，其职责和权力与罗马的元老院相似。

50.罗马和迦太基之间的比较

这两个伟大的共和国在500多年的时间里一直在慢慢地拓展自己的势力范围，培育她们在地中海对岸的权力，现在，她们正打算开始最令人印象深刻的斗争之一——一场伴随着每一次命运的变迁，持续了100多年的斗争。

在物质力量和资源方面，两座城市看起来旗鼓相当；然而，罗马还有一种隐形的力量，它隐藏在罗马公民的性格中，体现在其政府的原则上，这些都是迦太基所不具备的。

首先，迦太基的领土范围虽然很大，却是广泛而分散的。罗马的领土是紧凑的，而且只限于一个单一且容易防御的半岛上。

再次，迦太基帝国统治的民族在种族、语言和宗教上都与他们腓尼基的征服者格格不入，他们准备在第一场灾难降临到主导城市上时与之分道扬镳。另一方面，拉丁同盟和意大利同盟是罗马的亲族，因此，通过自然推动力，他们中的大多数——虽然对他们在国家中的地位不是都很满意——即使在罗马同她对手斗争的最为黑暗时刻，也保持着对罗马的忠诚。

但是，两个国家之间最大的差异体现在她们分别依据的原则上。迦太基是一个专制的寡头政体。迦太基帝国内的多种不同民族仅仅是因为武力才维持着虚假的同盟，因为迦太基人缺乏罗马人在政治组织和国家建设方面的天赋。另一方面，正如我们已知的，罗马政府是这个世界上曾经出现过的最为了不起的政治组织之一。它虽然还不是一个国家，但是却在迅速地成长为一个国家。其治下的每一个自由民要么是罗马公民，要么正在成为公民的路上。罗马已经成了25万多人的共同祖国。罗马军队在很大程度上是平民士兵的军队，就像在马拉松（Marathon）和萨拉米斯（Salamis）参加战斗的那些雅典战士一样；迦太基的军队主要是雇佣军，就好比薛西斯（Xerxes）率领的征讨希腊城市的军队一样。然后，罗马人在同意大利不同民族为了争夺半岛的统治权而进行的长期斗争中，他们已经在战争中得到了历练，或许在他们之前，还没有哪个民族曾经有过这样的经历。

至于两国的海军力量，在战争初期还不存在对比的基础。罗马人缺少任何可以被称作战舰的东西[①]，还几乎没有海战经验；与此同时，迦太基人却拥有曾经在

① 波利比阿（《通史》，第1章，第20页）说，他们最初渡海去西西里时，还没有一艘战舰。他认为，他们用从南意大利的希腊人城市那里借来的船运送军队。

地中海巡逻，规模最大、装备最为精良的舰队。

另一方面，迦太基面对罗马，拥有巨大的优势。她有汉尼拔（Hannibal），罗马虽然有一些了不起的指挥官，但是却没有像汉尼拔一样的人。

古代浮雕上的一艘罗马战舰的舰首

这幅画像体现了一艘双层桨船内船桨的排列方式。至于三层桨船和五层桨船的划船者排列方式是怎样的，不得而知。

51.战争开始

在意大利和非洲海岸之间，有一座大岛——西西里岛。第一次布匿战争开始时，除了东海岸一条狭长的地带外，迦太基人几乎占领了整座岛屿。当时，这条狭长地带还处于锡拉库扎（Syracuse）的希腊人城市的统治之下。为了控制这座岛屿，希腊人与迦太基人已经进行了两个世纪几乎不间断的斗争，不过，那时罗马人还没有出现在那里。然而，公元前264年，罗马人以为一些朋友提供保护的牵强理由，越海来到岛上。这一行为使他们致力于一项征服事业，并注定会持续到他们的军队能够对地中海实施控制为止。

锡拉库扎人和迦太基人虽然曾经是宿敌，此刻却联合起来，共同对抗新的入侵者。经过第一次战斗，联军遭遇挫败，罗马军队因此在岛上获得了一个稳定的立足点。锡拉库扎国王希尔罗（Hiero）眼看自己处于失利的一方，便抛弃了迦太基人，跟罗马人结成了同盟，从此以后一直是罗马人的可靠朋友。

52.罗马人获得了第一次海战胜利（前260）

过去战斗的经验向罗马人表明，如果他们要成功地对付迦太基人，在他们与迦太基人在海上遭遇时，就必须像在陆地上作战一样。因此，他们决心建造一支舰队。传说一艘失事后搁浅在意大利海岸的迦太基战舰为他们提供了模型。① 可以肯定的是，在短短60天里，一片生长中的森林被砍掉，用来建造出一支由120艘战舰组成的舰队。

杜伊流斯的凯旋柱

这根柱子上装饰着在米列俘获的舰首。

执政官杜伊流斯（Duilius）被委任为这支舰队的指挥官。他在西西里北岸的米列（Mylae）的城市和海角附近遇上了迦太基的一支小舰队。现在，不相信自己在海战战术方面可以与对手匹敌的罗马人，为他们的每一艘战舰都安装了一座甲板桥。每当一艘迦太基战舰非常接近罗马战舰时，罗马战舰就会把甲板桥搭在靠近的战舰上；罗马士兵便沿着桥冲过去，迅速地与他们的对手展开近身搏斗，在这种类

① 希腊人和伊特鲁里亚人的船只是三层桨的，也就是说，具有三排船桨的战舰；而迦太基人的船只却是五层桨的，或者是拥有五排桨的船只。前者无法对付后者，因为它们在重量和高度上有优势。

型的交锋中，前者是无与伦比的。结果罗马人大获全胜。它激发了罗马人对海上指挥与荣耀更加乐观的憧憬。地中海应该迅速地成为罗马的内湖，在这里，没有罗马的同意，任何船只都不得通行。

53.雷古鲁斯（Regulus）和迦太基使团

现在，罗马人决计把战争带进非洲。起初，他们在那里的所有军事行动都很成功。最终，当执政官雷古鲁斯率军入侵时，却遭遇了严重挫败，他本人也成为俘虏。一支被派去运载残余部队的舰队也在西西里海岸附近的一场可怕风暴中失事。对非洲的第二次远征，对罗马人来说，犹如灾难，他们损失了另一支重要舰队。在数年的时间里，罗马人努力避免再次诱惑海上的敌对势力，而西西里岛再次成了双方角逐的战场。最后，迦太基人在一场重要的战役（帕诺姆斯战役，前251）中失利后，变得沮丧起来。他们派遣使者去罗马，进行和谈。使团中就有雷古鲁斯，他5年前被俘，被囚禁在了非洲。在离开迦太基前，他曾承诺，如果出使不利，他将返回。迦太基人认为，为了自己被释放，他会建议和谈，或者至少敦促交换战俘。但是，据记载，一到罗马，他就建议开战而不是和谈，同时，他还向元老院披露了迦太基的虚弱情形。至于交换战俘，他说，“让那些应该战死的投降者，死在见证他们耻辱的土地上吧”。

在他的建议下，罗马元老院拒绝了使团的所有提议；雷古鲁斯无视妻子和朋友的眼泪及恳求，还是离开了罗马，启程返回迦太基，去面对失望和愤怒中的迦太基人为他准备好的命运。据说他被残忍地杀害了。

54.再次损失两支罗马舰队

迦太基使团和谈失败后，战争同时在陆地和海上进行了好几年，其间几经变迁。最终，在西西里海岸，执政官克劳狄乌斯遭遇了一次重挫，他的舰队损失了近100艘战舰。灾难给罗马造成了巨大的恐慌，迷信又加剧了人们的恐惧。据说在此战之前，鸟卜官在占卜的时候，神鸡们都不吃东西，克劳狄乌斯就下令把它们都扔进了海里，并且出言不逊地说，“无论如何，它们都会喝水的”。人们浮想联翩，描绘着那些被冒犯的神明会给罗马这个国家带来什么样的更进一步的伤害。

最悲观的不祥之兆可能在随后的事件中找到解释。另一位执政官也刚刚遭遇了一场大灾难。他在率领一支由900艘战舰和运输舰组成的舰队沿着西西里南部海岸行进时，一场猛烈的风暴袭来，舰队撞到岩石上，被击得粉碎，没有一条船能够幸免。

一幅古代浮雕画上占卜的鸟儿

通过观察鸟儿进食的方式来占卜。不进食是一种不吉利的征兆。

55.第一次布匿战争结束（前241）

这场战争已经持续了15年，有4支罗马舰队被摧毁，其中3支是被风暴击沉或毁坏的。几年以后，罗马人又重获足够的勇气，再一次把命运押在了曾经对他们不很友好的自然条件上。接着，一支由200艘船只组成的舰队建造和装备起来，所需资金完全靠私人捐助，舰队被委任给执政官卡图卢斯（Catulus）指挥。他在埃加迪群岛（Aegatian Islands）附近遇到了迦太基的舰队，然后给其致命一击（前241）。

现在，迦太基人乞求和平。双方最后签订了一份条约，条款规定：迦太基应该放弃对西西里岛的所有的权利要求，交出所有的俘虏并支付3200塔兰同赔偿金（大约400万美元），其中，1/3要用现金支付，余额分10年支付。于是，迦太基与罗马之间持续了24年的第一次大战争结束了。

战争的一个重要结果就是腓尼基人的海上力量被严重削弱——自古以来，它一直是地中海地区的一个非常突出的要素——地中海的控制权也在实际上交到了罗马人手中。

第二节　第一、第二次布匿战争之间的罗马和迦太基

（前241—前218）

56.第一个罗马行省和行省体系的开始（前241）

罗马和迦太基第一次斗争结束后的24年里，两个对手为了下一轮的争夺而竭尽全力，对每一种资源都征税。

除了属于锡拉库扎的东部领土，罗马人解决了西西里的事务，将其作为共和国的一个行省完全组织了起来。① 这是罗马人的第一个行省，但是，随着帝国城市的扩张，她占有的行省数量和面积大大增加，直到它们最后沿着地中海形成了一个完美的包围圈。每个行省都有一位从首都派出的行政官管理。该官员可以行使民事和军事权力，对当地人拥有生杀予夺的大权。每个行省还要对罗马以实物缴纳年贡，或缴纳货币税，这些都是从未对意大利同盟要求过的。

罗马的行省体系，与在意大利形成了罗马权力基石的同盟与联合这一自有系统之间，形成了鲜明的对比。在意大利，罗马令所有或者几乎所有被征服的民族要么成为公民，要么成为紧密的同盟者。作为对外省人的抵制，她不仅关闭了城市大门，而且还将其中大部分降至名义上的盟友之下。她把他们当作自己的臣民，以自己而非他们的兴趣为出发点来管理他们的事务。正如我们将要了解的，这种不开明的政策在很大程度上促成了罗马共和国的毁灭。

57.罗马夺得撒丁岛和科西嘉岛（前227）

以贡品形式支付的、罗马人第一次在半岛外获得的土地，看似在他们心中产生了对外征服的、永不满足的野心。他们找到了占领撒丁岛的借口，这是继西西里之后，迦太基人占领的最古老，也是最有价值的东西。该岛连同同样被强夺的科西嘉一起成了罗马人的一个行省（前227）。随着对这些岛屿的控制，罗马在西地中海

① 公元前241年建立的政府是临时性的；它在公元前227年才稳定下来。

或托斯卡纳海（Tuscan Sea）的权力便如日中天了。①

58.与高卢人开战；罗马的势力扩张至阿尔卑斯山

与此同时，在北方，罗马的势力从亚平宁山和卢比孔河延伸至阿尔卑斯山山脚下。罗马人向北推进至他们被称作弗拉米尼乌斯大道（Flaminian Way）的重要军用道路，位于阿尔卑斯山两侧的高卢部落对此感到恐慌，便集结力量，向罗马发起了进攻。北方部落这一行动的情报使整个意大利都骚动不安。在罗马，恐惧是巨大的；因为，这里曾经遭受过这些野蛮人祖先的劫掠（第40条），而不幸的记忆依然残留在当地人的脑海里。在《西卜林书》中发现的一则古老预言宣称，罗马人领土的一部分必需要为高卢人所占据。为了充分实现这则预言，满足命运的安排，罗马元老院把两个高卢人活埋在了首都的一个公共广场上。

与此同时，野蛮人进入了伊特鲁里亚，在他们向南推进时，对这个国家进行了劫掠。他们在那里被罗马军队包围，几乎全军覆没（前225）。罗马人利用这次胜利，推进到了波河平原，占领了现在以米兰这个名字而为人所熟知的城市，把他们的势力延伸至阿尔卑斯山脚下。为了保卫新的领土，两个拉丁殖民地——皮亚琴察（Placentia）和克雷莫纳（Cremona）——在波河对岸建立起来。高卢人自然对沦为被征服者而感到焦躁不安与愤恨，数年后，当汉尼拔从阿尔卑斯山下来，并且作为拯救者出现在他们中间时，他们十分乐意投身于汉尼拔的事业中去。

59.无道战争中的迦太基（前241—前237）

还不等与罗马之间的和平达成，迦太基就卷入了一场一度威胁到其生存的更加致命的战争中去。她的雇佣军一从西西里返回，就因为拖欠军饷而反动叛乱。当迦太基人求助于非洲当地部落时，回答他们的是席卷迦太基各属地的大规模叛乱。反叛的范围表明了首都对其属地的统治是多么令人厌恶。战争异常的痛苦和残忍，历史上称之为“无道战争”。但是，伟大的迦太基将军哈米尔卡·巴卡

---

① 罗马人以一种更为合理的方式，把他们的影响延伸至意大利东海岸的海域。在很长一段时期里，亚得里亚和伊奥尼亚水域活跃着成群的伊利里亚海盗。这些掠夺者不仅袭扰希腊海岸的城镇，还非常大胆地在意大利海岸繁衍生息。罗马舰队把这些海盗从亚得里亚海驱逐出去，还夺取了他们的几个据点。现在，罗马成了亚得里亚海岸希腊城市的保护者。这对她而言，就是迈向在希腊和整个东方建立绝对霸权的第一步。

（Hamilcar Barca）的天才最终取得了胜利，迦太基的权力在所有的地方都得到了恢复。

60.迦太基人在西班牙

在尝到第一次布匿战争的灾难性苦果后，迦太基人寻求在西班牙进行新的征服来弥补他们的损失。哈米尔卡·巴卡被派往这个国家，在9年的时间里，他致力于将自己的指挥天赋把不同的伊比利亚部落组织成一个稳定的国家，并开发半岛南部丰富的金矿和银矿。公元前228年，他在战斗中阵亡。

汉尼拔

一般来说，天才是不会遗传的；但是，在巴卡家族（Barcine），这个法则被打破了，哈米尔卡罕见的天才在他儿子身上得到了再现。据说，他喜欢将自己的儿子们称作“狮子的后代”。长子汉尼拔只有19岁的时候，父亲就去世了，他太年轻了，无法承担指挥的重任。哈米尔卡的职务由他的女婿哈斯德鲁巴（Hasdrubal）继任。

61.汉尼拔的誓言；进攻萨贡托（Saguntum）

哈斯德鲁巴于公元前221年死去，年仅26岁的汉尼拔在军队的一致要求下，成为他们的统帅。汉尼拔只有9岁时，被父亲带至祭坛前，在那里，他把双手放在祭品上，发誓与罗马人不同戴天、永世为敌。好战天赋燃烧不尽的火焰和不能被打破的神圣义务，都驱使着他去从事伟大的事业和经历艰难的命运。

在两年的时间里，汉尼拔把迦太基的势力扩张至埃布罗河（Ebro），只有西班牙东海岸土著人的城市萨贡托还未被征服。心怀嫉妒的罗马人密切注视着半岛上的事务，他们与这座城市结成了同盟，把它连同比利牛斯山山脚下的一些希腊人城市置于自己的保护之下。汉尼拔于公元前219年春包围了这个地方。罗马元老院向他派出使者，禁止他向罗马人的盟友开战；但是，汉尼拔无视他们的劝告，继续围困，并在8个月后占领了这座城镇。

罗马人向迦太基派出特使，要求迦太基元老院把汉尼拔交给他们，这样做将断绝元老们同他们将军之间的联系。迦太基人犹豫不决。随后，罗马使团的首领昆图斯·费边（Quintus Fabius）卷起他的托加袍，说：“和平与战争，我都带来了。迦太基人，你们自己做选择吧。”“随你们的意！”对方说。“那就战争吧！”费边说罢，便放下了他的托加袍。

第三节　第二次布匿战争

（前218—前201）

62.汉尼拔的阿尔卑斯山通道

迦太基帝国现在正全力为残酷的斗争做准备。汉尼拔是每一次行动的灵魂人物。他的大胆计划就是越过比利牛斯山和阿尔卑斯山，从北边袭击罗马。公元前218年早春，他从西班牙的新迦太基出发，率领一支大约10万人的军队，其中包括37头战象。军队穿过西班牙北部，越过比利牛斯山和罗纳河（Rhone），到达了阿尔卑斯山脚下——位于现在以小圣伯纳德（Little St. Bernard）著称的山口下。很快到了10月份，雪降落在小径的高处，致使山上的通道只有经过严重的辛劳和损失才得以通过。最后，从人迹罕至的山麓来到波河平原上的严重减员的队伍只剩下不到3万人。这就是汉尼拔建议用来攻击罗马——一个此时在征兵清单上就有超过70万步兵和7万匹战马的国家——的可怜的队伍。

63.“拖延者”费边

在北意大利和伊特鲁里亚，经过连续三场战役①，罗马人遭到了灾难性的失败，两支大军几乎被消灭殆尽。通向罗马的大门，现在敞开了。元老院认为汉尼拔会直接向罗马进军，就下令破坏了横跨在台伯河上的桥梁，并任命费边·马克西姆斯（Fabius Maximus）为独裁官。但是，汉尼拔不认为置自己的军队于罗马的坚城之下是明智之举。穿过亚平宁山脉后，他就向东朝着亚得里亚海推进。接着，又向南进入了阿普利亚（Apulia）。罗马的命运掌握在费边手里。假如他冒险一战，又

---

① 公元前218年的提契诺和特拉比亚战役，公元前217年的特拉西梅努斯湖战役。

失败了，一切将无可挽回。他决定采取一项更加审慎的策略——用自己的小股军队跟踪并袭扰迦太基人，但是却拒绝倾尽全力与之决战，以此获得组建新的军队和完善共同防卫措施的时间。

汉尼拔尽可能地吸引敌人与之决战。他到处破坏意大利人的田地，焚烧他们的房屋，目的就是为了迫使费边应战。独裁官的士兵开始窃窃私语，称呼他为“拖延者”。但是，一切都无法撼动他对自己清楚看到的唯一审慎政策坚定的追求。

64.坎尼（Cannae）会战（前216）

费边争取的时间有助于罗马人组建并训练了一支有希望同迦太基军队进行成功决战的军队。公元前216年初夏，罗马8万人的新征士兵，在新当选的执政官保卢斯（Paulus）和法罗（Varro）的指挥下，在阿普利亚奥凡托（Aufidus）河岸的坎尼遭遇了汉尼拔的军队。当时迦太基军队的数量不到罗马的一半。这是罗马在所有战场上曾经组织起来的最为庞大的一支军队。由于汉尼拔娴熟的军事指挥技巧，罗马人被团团包围，他们拥挤在一起，混乱而无助；然后，他们就为努米底亚（Numidian）的骑兵砍倒。据说，有4万至7万人被杀死①，数千人被俘，只有少数人得以逃脱。根据李维（Livy）的描述，屠杀的数量如此之大，汉尼拔的一个兄弟马戈（Mago）在携带胜利的消息到达迦太基时，他为了保证情报的准确性，将大量从罗马骑士手指上取下来的金戒指倒在了元老院会议厅的地面上。

65.坎尼会战后的事件

可怕的消息飞向了罗马。惊恐和绝望一时间吓呆了所有人。要不是元老院下令关闭城门，城里的人口几乎要跑光。元老院从未表现得像这次一样伟大、冷静、智慧和有决心过。渐渐地，恐慌平息了下来。人们同心协力地采取措施，保卫首都，因为，他们认为，汉尼拔立刻就会率领大军兵临城下。轻骑兵被派往阿庇乌大道搜集入侵者的行动信息，以及正如李维悲伤地表达的，去查看“永生的神明是否会出于对帝国的同情而留下任何罗马幸存者”。

然而，汉尼拔并不认为同以城墙作掩护的罗马人作战有多明智。他甚至还向罗马

---

① 波利比阿（《通史》，第3章，第117页）认为，被杀死的人有7万，被俘的有1万；李维（《罗马建城以来的历史》第22章，第49页）提出，被杀的人有4.27万人。

派出了使团，并提出了和平的条件。元老院甚至没有允许使者们进入罗马的大门，波利比阿（Polybius）把他们面临失败时的举动称作坚贞、不屈不挠和傲慢的“高贵特性”，这种特性是从他们的祖先那里遗传来的，汉尼拔对罗马同盟者的这种脾性也是心知肚明。经过所有这些最痛苦的时期，拉丁同盟的成员都对罗马表现出了始终如一的忠诚。然而，一些意大利南部的部落现在却投向了迦太基人的怀抱。卡普亚也从罗马脱离出来，转而与汉尼拔结成了同盟，而汉尼拔在坎尼会战后整个冬天都把军队驻扎在这个奢靡的城市①。不久之后，锡拉库扎也不再为罗马所有。

66.锡拉库扎（前212）和卡普亚（前211）被罗马攻陷

汉尼拔在卡普亚休息，并等待援军到来时，罗马正忙于征募和装备新兵，以取代在坎尼失去的军团。他们要做的第一件事就是惩罚锡拉库扎，因为它抛弃了罗马同盟。著名的将军，人称“罗马之剑”的马库斯·克劳狄乌斯·马克卢斯（Marcus Claudius Marcellus）被委以重任。公元前214年，他率军包围了这座城市。在3年的时间里，这座城市一直抵抗着罗马军队的进攻。据说，伟大的数学家阿基米德（Archimedes）运用自己的天赋设计出奇妙而强大的军械，这为被围困的城市提供了非常重要的支持。但是，这座城市最终还是陷落了，然后被劫掠一空。无数的图画被运至罗马，用来装饰城市和富人的住宅。

接下来要受惩罚的是卡普亚，因为它向罗马的敌人打开了大门，并向其示好。人们对着城市拉起了一道城墙，两支罗马军队以此实施了严密包围。汉尼拔试图通过对罗马的猛冲来分散敌人的注意力，减轻其盟友的压力——传言，他手持一支长矛，向一扇门冲去——但是，他并未能把军团从卡普亚前面吸引过来。这座城市不久就被攻陷了，接受了罗马对不忠盟友都要施加的惩罚，当地的要人都被处死，大部分居民被卖做奴隶（前211）。

67.哈斯德鲁巴试图援助兄长；梅陶罗河战役（前207）

汉尼拔在意大利发动战争时，他的弟弟哈斯德鲁巴（与其姐夫重名）正在西班牙同罗马军队作殊死搏斗。最后，他决心把战事转移到其他地方，以便支援他迫切

---

① 据说（李维，《罗马建城以来的历史》，第23章，第18页），汉尼拔的士兵在整个冬季里，都沉溺在各种宴饮和放纵之中，他们的身体和精神受奢侈享乐之人首府的影响，均受到致命的削弱；这就是短语“卡普亚式安逸”的由来，它的意思是，损害一个人身体和道德力量的好逸恶劳及自我放纵。

需要援助的兄长。他沿着汉尼拔于公元前207年走过的相同路线，从阿尔卑斯山下来，到达北意大利平原。然后从那里向南进发，与此同时，汉尼拔则从布鲁提姆出发向北，与之会合。罗马则竭尽全力地阻止两兄弟及其军队的会合。在梅陶罗河（Metaurus）附近，哈斯德鲁巴的军队遇到一支罗马大军的阻击，他的军队就在这里被击溃，他本人也被杀死（前207）。他的头被割掉并送给了汉尼拔。据说，汉尼拔一认出是他的兄弟，就悲伤地说："迦太基，我看出了你的命运。"

68.罗马人把战争引向非洲；扎马（Zama）战役（前202）

现在，汉尼拔又回到了布鲁提姆布满岩石的半岛地区。在那里，他面对罗马人，就像一头陷入绝境的狮子。没有人敢进攻他。罗马人决心把战争引向非洲，寄希望于迦太基人被迫把他们伟大的统帅从意大利召回去，保卫迦太基。出征非洲的军队由普布利乌斯·科尔内利乌斯·西庇阿（Publius Cornelius Scipio）率领。他刚到非洲不久，迦太基元老院就派人去召回汉尼拔。在离迦太基不远的扎马，两支军队相遇了，汉尼拔在此遭受了他的第一次，同时也是最后一次挫败（前202）。

普布利乌斯·科尔内利乌斯·西庇阿（阿非利加努斯）

69.战争结束（前201）

迦太基现在已经完全筋疲力尽了，她请求和平。和约的条款比第一次布匿战争结束时强加于这座城市的那些条款还要严厉得多。她被要求放弃所有对西班牙和地中海岛屿的权力；交出她的战象，以及她所有的战船（除了10艘桨帆船外）；立刻支付4000塔兰同（大约500万美元）的赔偿金，每年再支付200塔兰同，为期50年；在任何情况下，不得与罗马的盟友开战。500艘昂贵的腓尼基战舰被从迦太基的海港拖出来，当众烧毁。①

① 第二次布匿战争结束的某个时候，罗马人使自己相信，汉尼拔正在让迦太基准备另一场战争，因此要求迦太基人把他交出来。他逃往叙利亚，之后又逃往小亚细亚。为了躲避被捕，他服毒自杀了（前183）。

这就是罗马人所称的“汉尼拔战争”的结局。西庇阿在罗马获得了巨大的胜利，为了纪念他的丰功伟绩，人们赠予他“阿非利加努斯”（Africanus）——非洲征服者的称号。

70.战争对意大利的影响

意大利从未完全从汉尼拔战争的影响中恢复过来。据说，有30万罗马公民在战斗中被杀。一些地区的农业几乎被破坏殆尽。农民不得不离开故土，被驱赶进修有城墙的城镇里。奴隶阶层人数大增，大土地所有者的财产规模在扩大，他们吞并了破产农民少得可怜的土地。在摧毁意大利农民阶层的同时，汉尼拔对半岛的入侵和长期占有使得这些经济弊端更加恶化，甚至在此之前，这些弊端就开始逐渐削弱罗马人早期的健康生活，使意大利充满了无数危险的无家可归者以及对现状不满的人。

第四节　第二、第三次布匿战争之间的事件

（前201—前146）

71.引言

第二次布匿战争结束时，强加给迦太基的条款使得罗马成为西地中海的霸主。在汉尼拔战争结束至第三次布匿战争开始这个大事迭出的50年里，罗马的势力在东地中海也是至高无上的。而在另一个地方，也在同时讲述亚历山大大帝死后，他的庞大帝国分裂成几个最为重要国家的命运，我们跟随它们的发展历程，直到它们都为罗马军队攻陷，并入她不断增长的领土为止。① 在这里，我们以极其简洁的方式谈论这些国家，目的只是为了表明发生在它们身上的系列事件，同标志着罗马演变成大帝国的事件之间的关系。我们在这些事件上的主要兴趣就是观察罗马如何逐

① 参见《东方国家和希腊》（修订本第2版），第26章。

渐越来越多地参与东方事务，以及罗马人对希腊事务日益增长的高涨热情。

72.第二次马其顿战争[1]（前200—前197）；“希腊自由的恢复”

罗马首先与马其顿发生冲突。第二次布匿战争期间，马其顿国王腓力五世（Philip V）与汉尼拔结成了同盟。他现在正困扰着希腊的城市。它们向声望如日中天的罗马求助，寻求保护。罗马一方面出于对腓力所作所为的恐惧，另一方面又对拥有辉煌过去的希腊充满了景仰之情，便答应了它们的求助。这就是著名的第二次马其顿战争的前奏。

战争进行至第三年，一支由弗拉米尼努斯（Flamininus）率领的军队被派往希腊，在塞萨利（Thessaly）的库诺斯克法莱（Cynoscephalae）平原上，行动迅速的罗马军团通过使腓力遭受一次非常灾难性的失败展示了它对呆板的马其顿方阵的优势（前197）。马其顿国王被迫放弃了所有他征服的地方，同时，所有服从他的希腊城市也都被宣布获得了自由。解放法令由一位罗马的使者向聚集在科林斯（Corinth）庆祝地峡运动会上的希腊人宣读。宣言写道：“罗马人民、元老院以及他们的将军弗拉米尼努斯……宣布，希腊应该摆脱外国的驻军，不应再称臣纳贡，应该按照她自己的风俗和法律来生活。”

解放法令被人们以极大的热情和欢快给接收了。“喊叫声如此之大，”普鲁塔克说，“以至于在海岸上都可以听到。”弗拉米尼努斯被誉为“希腊自由的恢复者”。但是，不幸的是，希腊人已经丧失了自由和自治的能力，他们的事务不久便陷入了无政府状态，这为罗马人提供了一个把他们的统治扩展到整个希腊的合理借口。

73.与叙利亚安条克大帝的战争（前192—前189）

叙利亚的安条克大帝（Antiochus the Great of Syria）此时不但在小亚细亚（Asia Minor）进行了重要的征服，甚至还率领他的军队开进了欧洲。当时，他在希腊。他宣称，他出现在这些地区的目的，就是授予希腊城市以自由。但是，正如普鲁塔克评价的，希腊人在这个特殊的时刻并不需要解放者，因为他们刚刚被罗马人从马其顿人的手中解放出来。

统率一支军队的叙利亚国王在希腊的情报一传至意大利，共和国的军团就开始

---

① 第一次马其顿战争（前215—前206）发生在第二次布匿战争期间，是那场战争的一段插曲。

行动起来。一些挫败促使安条克急匆匆从海上撤回了亚洲，无论他走到哪里，罗马人都会尾随而至。在马格尼西亚（Magnesia），安条克的统治被推翻了，大部分的小亚细亚领土都落入罗马人的手中。由于尚未准备好在距离台伯河如此遥远的地方设置行省，元老院把大部分的新得土地都赠予他们的“朋友兼盟友”帕加马（Pergamum）国王欧迈尼斯（Eumenes）。

74.第三次马其顿战争（前171—前168）

现在，马其顿在腓力五世的儿子珀尔修斯（Perseus）的领导下再次同罗马开战。在著名的皮德那（Pydna）战场上，罗马执政官埃米利乌斯·保卢斯（Aemilius Paulus）将马其顿人彻底击败（前168）。这个国家一分为四，稍后不久，它们又作为一个罗马的行省被组织起来。马其顿作为一个独立的国家、在历史上发挥重要作用的时代结束了。

然而，皮德那战役不仅是马其顿历史上的一座重要里程碑，它也是人类历史上的里程碑。这是罗马人为了统治世界而进行的具有决定性的战役之一。东方最后一股强大的势力就此土崩瓦解。① 罗马元老院因此被文明世界视为最高政治智慧和权力的来源与源泉。我们虽然必须记载罗马军团的许多战役；但是，如果我们把同本都（Pontic）国王米特拉达梯大帝（Mithradates the Great）的战斗排除在外的话，这些就成了镇压附属或者半附属国起义的活动，抑或是针对位于罗马领土边缘野蛮人部落的远征了。

75.亚加亚战争和科林斯的毁灭（前146）

在第三次马其顿战争期间，亚加亚同盟（Achaean League）的城市一方表现出它们对罗马的冷淡态度。因此，在皮德那战役后，罗马人就从这些同盟的城市中选出1000名杰出公民，把他们运送至意大利，在那里，他们将因所谓的对罗马不友好而接受审判。然而，他们却从未被审判过，因为其国内同胞的良好表现而被作为人质扣押了17年。在这些背井离乡者中，就有著名的历史学家波利比阿，他对所有这些事件都进行了记录，而这些事件则是我们现在叙述的、标志着罗马朝着世界统治者方向发展的情况。

---

① 米特拉达梯大帝尚未出来同罗马争夺东方的主权（第95条）。

17年后，罗马元老院以一种宽容的心态，准许幸存者回家。他们怀着一种含冤之心回去了，他们在家乡城市的出现无疑添加了当地人对罗马的敌意。科林斯人尤其表现出对罗马人最不合理和强烈的敌意。这种愚蠢的行为只可能导致一个结果，那就是同罗马开战。

这一天于公元前147年终于到来了。科林斯不久就落入了罗马人的手里。男人被杀掉，女人和儿童都被卖做奴隶。大部分战利品都是在公开拍卖会上出售的。许多艺术品——城里到处都是无价的雕像和绘画——被放在一边，等待运往罗马；但是，大部分的城市艺术珍品肯定让那些粗鲁又不懂欣赏的士兵给破坏了。波利比阿是城市遭受洗劫的目击者，他看到成队的士兵把无价的绘画当作纸板，并在上面玩掷骰子的游戏。

城市遭受洗劫后，遵照罗马元老院的命令，被付之一炬，它的城墙被夷为平地，其所在的土地也遭受了诅咒。就这样，“希腊领土上曾经富甲一方的城市中那最后的珍贵点缀”①、辉煌的科林斯就这样毁灭了。

76.罗马征服东方给自身带来的总体影响

进入希腊时，罗马人就进入了希腊文化的故乡，之前，他们曾在希腊殖民区与之有过紧密的接触。这种文化在很多方面都大大优于他们自己的文化，基于这个原因，它对罗马的生活和思想都产生了深远影响。似乎许多罗马人把罗马的东西当作粗鄙和过时的，继而对之生出一种突如其来的蔑视，同时，又对希腊的一切突然产生了迷恋之情。希腊的风俗习惯、希腊的教育模式以及希腊的文学和哲学都成了罗马的时尚，罗马社会看起来正在以一种平和的方式希腊化了。在某种程度上，这的确发生了：被俘获的希腊吸引住了她的俘获者。许多重要的希腊元素随着时间推移而为罗马人所吸收、消化，并导致了世界上不再有一种纯粹的拉丁文明存在。当谈及后来罗马帝国的文明时，我们把这种古典时代两个伟大民族文化间的亲密融合视为希腊–罗马文明。

但是，伴随着罗马人从东方接受的许多有益的文化元素，他们还接受了许多就社会和道德而言重要而邪恶的萌芽。希腊和东方的生活已经变得腐化堕落，他们同这个社会的密切联系以及我们稍后会注意到的其他影响，破坏了罗马的生活。“学

---

① 在后面的时期，顶着亚加亚这个名字的希腊被降至一个行省的地位，被并入了马其顿。

习希腊就是学习流氓行为”成了一句谚语。早期的简朴和节约为东方的奢侈、挥霍以及荒淫所取代。随着科林斯的毁灭，我们沿着历史前行，罗马人道德生活上滑坡的证据和共和国灭亡的预兆都将会增加。

77.监察官加图

当时，罗马最著名的人物之一就是马尔库斯·波尔基乌斯·加图（Marcus Porcius Cato）（别名监察官），他生于公元前232年，死于公元前147年。他活跃的一生覆盖了这一重要的历史时期——我们刚刚叙述的主要事件——它就是第二和第三次布匿战争之间的间隔期。实际上，年轻时的加图参加了汉尼拔战争，作为一位老顾问，他比其他任何人在推进第三次战争的进展上做得都要多，战争的结果导致了迦太基的毁灭。他的生活就是一面镜子，反映了罗马三代人的生活。

加图出生在拉丁姆图斯库卢姆（Tusculum）的一个农民家庭。他从父亲那里继承了位于萨宾乡下的一处小农场。附近就是著名的罗马指挥官、萨莫奈战争的英雄马尼乌斯·库里乌斯·登塔图斯（Manius Curius Dentatus）的农舍和农场。传言，萨莫奈人有一次向登塔图斯行贿，他们发现他正在煮萝卜，并不需要他们给他的东西。加图把这位值得尊敬的古罗马人当作了他的榜样。

恰如我们所看到的，就在此时，希腊的思想和习俗正在被引入罗马。所有这些新事物，加图都冷眼相待。他尽其所能，对所有希腊的东西投之以怀疑和轻蔑。他访问了雅典，对人们发表了演讲；但是，他面向雅典人发言时，没有用他自己说得很好的希腊语，他说的是拉丁语——普鲁塔克认为，他的目的是指责那些认为希腊语比罗马语更好的同胞。他告诉罗马人，希腊的教育、文学和哲学将会把他们的国家带向灭亡。他希望看到所有的希腊哲学老师都能被遣送回国。他拒绝让自己的小儿子由一位希腊奴隶来教育，而这在地位显赫的家庭中正在成为一种风气，他自己细心地投身于这个男孩的教育。

对我们来说，加图性格中最不吸引人，事实上很令人厌恶的一面，在他对待自己的奴隶上体现了出来。他简直就是把他们当作活着的牲口来看待，把他们当作牛一样去饲养和处置。当一个奴隶年老体衰或疲惫不堪时，他就会卖掉他，并根据其经济条件，把这种做法推荐给其他人。

但是，尽管有着这样或那样的缺点和不足，按照罗马人的想法，他的性格非常高贵和令人钦佩；他的生活和工作，尤其是他作为监察官为国家所做的贡献，得到了他同胞的赞赏，他们为了纪念他而修建了一座雕像，上面的题词是：“这座雕像是为加图而建的，因为，监察官发现了罗马的腐败和堕落，他通过引入明智的法规和道德纪律而恢复了它。”

第五节 第三次布匿战争

（前149—前146）

78.“迦太基应该被摧毁”

罗马在摧毁科林斯的同一年，还将自己强大的对手迦太基从地球上给抹掉了。人们会记得，在第二次布匿战争结束时，强加给这座城市的条件之一就是不得在任何情况下与罗马的盟友开战（第69条）。努米底亚国王、罗马的盟友马西尼萨（Masinissa）开始利用迦太基的无助，对她的领土进行劫掠。迦太基呼吁罗马给予保护。元老院派往非洲去解决争端的使团不公正地采纳了每一个有利于强盗马西尼萨的观点并做出了裁决。

使团的负责人之一是监察官马尔库斯·加图。当他看到迦太基的繁荣时——她海港中停满贸易船只的盛景，城市后方几英里的地方尽是漂亮的花园和别墅——他对这座城市增长的势力和财富很是惊奇，回国后，他确信，为了保证罗马的安全，需要摧毁她的对手。此后，他所有的演讲——无论是关于什么话题——据说都是以宣言结束：“还有，迦太基应该被摧毁。”普布利乌斯·西庇阿（Publius Scipio）给出了更好的建议，据说，为了反对加图，他所有的演讲都以如下一句话作为结尾：“还有，迦太基不应该受干涉。”

79.罗马人背信弃义

摧毁这座城市不缺借口。公元前150年，当马西尼萨对迦太基的领土再次发动攻击时，迦太基人没有向罗马求救，因为经验表明，他们既不可能得到援助，也不可能得到正义，相反，他们组建了一支决心保护自己的军队。然而，他们的军队却被努米底亚人打败，被迫屈服。

战争一发生，迦太基在法理上就破坏了上次和约的条款。迦太基元老院焦急万分，派遣一个使团赶赴意大利，称愿意支付罗马人可能提出的任何补偿。他们被告知，倘若他们愿意交出300名最为高贵的迦太基家庭的孩子作为人质，他们城市的独立就会得到尊重。他们急切地满足了这一要求。但是，这些人质一落入罗马人的手里，执政官用作防御的军队就从西西里岛渡海前往非洲，并在距离迦太基只有10英里的地方乌提卡（Utica）登陆了。

迦太基人现在被命令放弃所有的军队。由于仍然寄希望于赢得敌人的宽恕，他们又同意了这项要求。接着，执政官们就公布了罗马元老院的最后一条法令——迦太基必须被摧毁，但是，其居民可以另造一座新城，前提是必须距离海岸10英里远。

当元老院的这一决议被宣布给迦太基人时，他们意识到了敌人的卑鄙和背信弃义，这个被出卖的城市爆发出一种愤怒和绝望的呼喊。

80.迦太基人准备保卫他们的城市

迦太基人决心抵抗到底，抵制这项残酷法令的执行。城市的大门关上了。男人、女人以及儿童都开始工作，日夜不停，制造武器。整座城市变成了一个大的生产车间。雕像、花瓶、家用器皿以及神殿里的圣器都被融化掉，用来制作武器。城市建筑上的材料被拽下来，建造军用器械。女人们剪掉自己的头发，用来编成绳，用来发射弹丸。经过艰苦的准备，这座城市不久就被打造成一个能够受得住围困的地方。

罗马人开始攻占这个地方的时候，吃惊地发现，他们背信弃义地解除了武装的人的手中都持有武器，他们首都的城墙上都配备了战士，并做好了抵抗的准备。

81.摧毁迦太基（前146）

4年时间里，这座城市一直顽强地抵抗着罗马军队。最后，执政官西庇阿·埃米利安努斯（Scipio Aemilianus）[①]通过强攻最终拿下了它。抵抗结束后，70万人口的城市里只有5万个男人、女人及儿童幸存下来，成为俘虏。这座城市被付之一炬，大火在城墙内熊熊燃烧了17天。凡是大火所不能烧毁的建筑，全部被夷为平

---

① 普布利乌斯·科尔内利乌斯·西庇阿·埃米利安努斯，汉尼拔的征服者、西庇阿·阿非利加努斯收养的孙子。他征服迦太基后，就以小阿非利加努斯著称。

地，罗马人用犁把遗址翻了一遍，一个可怕的诅咒被施加在任何胆敢试图重建这座城市的人身上。

这就是迦太基的悲惨命运。这座城市被摧毁的见证者波利比阿[①]记载：西庇阿盯着冒烟的废墟，似乎在它们身上读到了罗马的命运，他突然失声痛哭起来，悲哀地重复着荷马的诗句：

> 神圣的特洛伊陷落时，
> 长矛的主人普里阿摩斯，以及他的子民们，
> 都将随之而去。[②]

迦太基在非洲的领土变成了罗马的一个行省，乌提卡是它的主导城市；通过商人和殖民者，罗马文明得以迅速地在阿特拉斯山（Atlas）和大海之间的地带传播开来。

82.罗马战胜迦太基的意义

罗马对迦太基的胜利在历史上或许可以同300多年前希腊对波斯（Persia）的胜利相媲美。在每种情况下，欧洲都得以避免成为亚洲的附属或延伸的危险。

闪米特种族的迦太基人的文明，跟波斯文明一样，缺乏成长和扩张的元素。如果这种文明通过征服而在欧洲传播，欧洲大陆上的雅利安人在政治、文学、艺术和宗教生活中的萌芽可能会受到抑制，而他们的历史就会像后来东方民族一样，缺乏政治和理性的趣味。

这些考量对梅陶罗河战役的发生做出了解释，此役标志着罗马和迦太基之间长期斗争的真正转折点，与马拉松战役一起出现在世界上具有决定意义战役这一候选名单上——那些决定了重要历史趋势，决定了民族、大陆和文明命运的战役。

83.夺取和摧毁努曼提亚（Numantia）（前133）

同样的，西班牙的曼努提亚也在罗马人手中遭到破坏，把他们的故事同希腊的

---

① 对罗马要人来说，他们的随从中有一位希腊哲学家或者学者是非常普遍的。

② 《伊利亚特》，第6章，第448节。

科林斯和非洲的迦太基放到一章里面讲，是很合适的。

罗马人把迦太基人从伊比利亚半岛上驱逐出去，但是，半岛北部和西部好战的当地部落——凯尔特伊比利亚人（Celtiberians）和卢西塔尼亚人（Lusitanians）——准备好坚决地同新来者争夺土地。这场战争发生在努曼提亚附近，迦太基的征服者西庇阿·埃米利安努斯已经完成了对这座城市的包围。在此地投降之前，几乎所有的居民都面临着死亡，要么是保卫城墙，要么是主动自杀。在战争、饥荒、瘟疫和绝望的多重夹击下，那些苟延残喘活下来的人被卖为奴隶，这座城市也被夷为平地（前133）。

尽管自第二次布匿战争以来，西班牙就开始被认为是罗马领土的一部分了，然而，现在它才真正地成为了罗马人的领地。罗马商人和殖民者纷纷涌入这个国家。意大利人大量涌入的结果是，征服者的法律、风俗习惯以及语言被引入各地，整个半岛经过一段时间之后完全罗马化了，这因此而奠定了两个现代拉丁民族的基础——西班牙和葡萄牙。

第六章　共和国的最后100年：革命时期

（前133—前31）

84.引言

我们已在总体上追溯了罗马共和制度的发展，并简要讲述了她征服的精彩事业，即小城帕拉蒂尼山（Palatine）首先成为拉丁姆的霸主，其次是意大利的霸主，最后是大部分地中海世界的霸主。在这一章，我们会通过共和国存在的最后100年来关注她的命运。其间，虽然领土还在继续扩张，但是，许多起作用的机构却正在削弱共和国的制度，为帝国铺平了道路。这些机构是什么样的，我们可以通过对这一值得纪念的时期内的罗马历史的事件进行简单记述，加以凸现。

85.西西里第一次奴隶起义（前135—前132）

随着这一时期的开始，我们发现，在西西里，奴隶主和奴隶之间进行着一场可怕的斗争——著名的第一次奴隶起义。岛上的事态是罗马奴隶制度自然发展的结果。

罗马人在战争中获得的俘虏通常会卖做奴隶。不计其数的征服促成了大量奴隶的产生，他们成了地中海世界奴隶市场上的滞销货。他们的价格非常便宜，奴隶主发现，通过几年的残酷压榨来耗尽奴隶，然后再购买新的奴隶，比通过更加人道的方式对待他们以保护他们的生命更加有利可图。通常情况下，奴隶一旦生病，就很难得到照顾，只有等死的份儿，因为看护的支出超过了购买新奴隶的成本。有些庄园内劳动的奴隶多达2万个。每个奴隶主都想了解自己奴隶的状况，因此，这些可怜的家伙就像牛一样被打上烙印。使这一切更加令人反感的事实是，奴隶中的很多人以前是贵族，其中的一些比他们现在的奴隶主还要高贵。战争使得一方成为奴隶，另一方成为奴隶主。

西西里奴隶的悲惨状况①展示了奴隶制度的一些最为糟糕的特征，奴隶主的残酷最终驱使他们走上了起义的道路。起义蔓延至全岛，最后有20万奴隶武装了起来——如果斧头、镰刀、棍棒和烤肉叉可以被叫作武器的话。他们打败了四支前来镇压他们的罗马军队，在3年的时间里，公然对抗罗马的权力。然而，起义最终还是于公元前132年被镇压下去。据说，有2万不幸的奴隶被钉死在十字架上。西西里因此而平静了下来，消停了将近一代人的时间。②

86.公共土地

意大利的情况几乎跟西西里一样糟糕。这里大部分社会和经济问题的根本原因是公共土地制度。按照法律或惯例，那些未出售或者未分配的公共土地作为农场会向任何想耕种或者放牧的人开放。使用者通常要支付每年产量的1/5或1/10，作为对使用公共土地的回报。那些享有这种权利的人被称为占有者；我们应该称他们为“合法使用土地者”或“承租者”。

当时的实际情况是，这些公共土地的大部分通过各种形式落入富人的手里。他们本身拥有耕种新土地所必需的牛群和奴隶等这样的资本，因此，他们就是土地的唯一占有者。各地的小农场主纷纷因不公正的奴隶劳动竞争而破产，他们仅有的一点地产也通过购买、常常是欺诈或明目张胆地抢劫而转移到大地主手中。

实际上，有法律规定，任何人占有规定数额的公共土地就是非法的；但是，该法律早成一纸空文。据说，大约公元前1世纪开始，大部分意大利土地由不到2000人把持着。这些大地主发现，发展畜牧业比在土地上劳作更加有利可图，因此，意大利就成了一个养羊的大牧场。那些一无所有的农民，失去了家园或者工作，都涌入城市，大多数聚集在罗马。在那里，他们过着无所事事的生活。于是，在很大程度上，罗马人通过公共土地制度而分成了两大阶级——富人和穷人，土地占有者和非占有者。

87.格拉古兄弟改革；提比略·格拉古（前133）

穷人反抗富人和权贵事业最有力的拥护者是著名的兄弟俩——提比略·格拉古

---

① 之前的几年，迦太基被摧毁后，成千上万的俘虏连同他们的奴隶被卖给了西西里岛的奴隶贩子，随后他们被转移到西西里岛上去。

② 公元前102年，岛上发生了另一次奴隶起义，耗时3年才镇压下去。

（Tiberius Gracchus）和盖约·格拉古（Gaius Gracchus）——他们是汉尼拔的战胜者西庇阿·阿非利加努斯的女儿科涅莉亚（Cornelia）的儿子。除了出身高贵，他们还受到了母亲的悉心培养。这位母亲不仅熟悉新的希腊知识，还拥有头脑和心灵方面的卓越品质。哥哥提比略首先投身于改革的事业。据说，他矢志致力于减轻罗马穷人和被剥夺继承权的公民的痛苦，与此同时，他途经伊特鲁里亚时，发现了因大地主抢夺土地而导致的危害和贫困，以及野蛮人奴隶的大量出现而导致大量农民流离失所的现象。

公元前133年，被人民选为保民官后，提比略提出了一项建议，就是从大地主手中收回所有他们占有的超过规定数量的公共土地。然后，被国家收回的土地再以每人几英亩的标准分配给贫穷的公民。

代表富裕地主的元老院一方自然强烈反对提比略提出的措施。他们采用一种旧有的策略，用以阻挠提出令他们反感建议的保民官。他们说服提比略的同事，奥克塔维乌斯（Octavius）行使他的否决权。奥克塔维乌斯这么做了，从而阻止了这些建议被带至公民大会上进行投票表决。①

僵局被提比略以同样的方式给打破了。他通过自己的支持者在公民大会上的投票，罢免了他的同事奥克塔维乌斯。但是，奥克塔维乌斯拒绝承认这次投票的有效性；接着，提比略让自由民把他从演讲台上给拖走了。自共和国创立以来，罗马人从没有以这种方式把他们选出的行政官从职位上罢免。宪法的神圣性这一延续了几乎400年的保护措施遭到了破坏。这是共和制度走向结束的开始。

奥克塔维乌斯被罢免后，提比略的一位扈从被选为保民官，取代了奥克塔维乌斯的位置。提比略的建议现在成了法律，委员们受命来实施它的条款，并阻止它成为一纸空文——就像前面的法律一样。

为了确保自身安全及防止贵族的报复行为，提比略现在成了下一任期的保民官候选人。这是违反宪法的，因为在当时，一位保民官不能在这个岗位上连续任职两年。提比略的敌人自然反对他的连任。罗马陷入了沸沸扬扬的混乱之中，骚乱随之而起。提比略的支持者们被打倒了，他和许多追随者都被杀害，尸体也被扔进了台伯河。自保民官的职位设立以来，这是罗马各方第一次公开诉诸武力，也是该城市

---

① 保民官委员会中的每个成员都有权否决任何或者所有他同事提出的法案，正如一个执政官能够阻止他同事的法案一样。

第一次经历暴力和血腥场面。但是，类似的场景不久就变得司空见惯了。

88.保民官盖约·格拉古（前123—前122）

盖约·格拉古现在站出来，继承了哥哥的改革重任。公元前124年，他被选为下一年的保民官。作为撒丁岛的财务官，他已经证明了他与普通罗马行政官的不同之处。恰如普鲁塔克所说，他“离开罗马时，口袋里装满了金钱；再回来时，里面已经空空如也；其他人离开罗马时，取出了装满葡萄酒的罐子；再回来时，里面却装满了钱”。

一旦受任为保民官，盖约便立刻以惊人的精力和机智投入到改革中来。他的目标是摧毁无能又腐败的元老院政府，取而代之的是建立一个以他为首的新政府。首先，他让人们确保了一项法律的通过，该法律使一位保民官在职位上连任两年符合宪法规定。当然，这意味着保民官职位的实质性转变，它可能成为一个终身职位。他接下来通过了一项法律，即每个罗马公民，只要个人申请，就可以从公共粮仓以半价或低于市场价格一半的价格购买谷物，这让他赢得了城里穷人的拥护。盖约不可能预见到这项法律会导致的所有弊端，实际上，我们知道这就是一项糟糕的法律。它最终导致了谷物向所有提出申请的公民免费发放。不久，罗马的大部分人口都过着无所事事的生活，在公共食槽里饱食终日。①

作为一项进一步缓解贫困商人和工匠阶层的措施，盖约在意大利建立了新殖民地。他又派遣6000名殖民者去迦太基的遗址，其中既有意大利人，也有罗马公民，在那里建立一个叫作朱诺尼亚（Junonia）的殖民地。这是罗马人在意大利之外建立的第一个由其公民组成的殖民地。

盖约提出的另一项措施疏远了他的大部分追随者，为其垮台铺平了道路。这项建议似乎是要求所有的拉丁人都应该成为完全的罗马公民，意大利的盟友应该被赋予当时只有拉丁人才能享受的权利（第92条）。盖约在这件事上同他的时代脱了节。人们不愿意把城市的权利授予那些仍然未享受到这些权利的人，原因在于，既然整个世界都在以一种抑或另一种形式向罗马政府的统治阶级缴纳贡品，公民权现在就是一种很有价值的东西。提议遭到否决，盖约的声望明显下降。当他第三次竞

---

① 通过另一项法律，盖约同骑士、富有商人和银行家成了朋友，而这些人与元老院的元老之间存在着很多敌意。该项法律则把对被指控犯罪的行省行政官的审判从元老院转移至这个敌对骑士阶层手里。因此，盖约赢得了这个强大阶层的支持。

选保民官一职时，便失败了。没有了职位的保护，他的生命就处于危险之中。他的朋友都聚集在他的周围。两派之间的战斗在大街上展开了。盖约在绝望中自杀，他的3000名追随者也被杀死。

执政官路奇乌斯·欧皮米乌斯（Lucius Opimius）为了盖约和他强有力的支持者之一的人头，支付了与人头重量相等的黄金。送人头的人似乎收到了所承诺的报酬。“在罗马历史上，这是第一次有人提供和支付人头赏，但却不是最后一次”。

平民把格拉古兄弟当作他们事业的殉难者，后来，他们对这对殉难者的记忆以雕像的形式在公共广场上保存了下来。他们的母亲，科涅莉亚，人们为她树立了一座纪念碑，上面刻着简单的铭文：“格拉古兄弟之母。”

89.朱古达（Jugurtha）战争（前111—前106）

格拉古兄弟死后，似乎没有人能抵制贵族一派的无情压迫。尊重公共土地的格拉古法律被取消或者宣布无效。意大利再次落入到一些超级富有的大地主手中。各行省都被罗马人出任的总督给把持了。元老的投票、法官的决定、罗马和各行省的职位——一切关于政府的东西都有价格，可以像商品一样买卖。这一点，在非洲事务上得到了很好的体现。

努米底亚国王朱古达已经完全夺取了这个国家，将各行省的合法统治者全部处死，这些人的职位在布匿战争结束时，都经过了罗马人的承认。罗马派来调查此事的专员都被朱古达给贿赂了。调查报告虽然被整理出来，但是罗马的许多官员都涉及这一罪行，这个事件也被金钱给掩盖下去。罗马人的腐败甚至让朱古达感到恶心，他曾大声喊道：“啊，堕落的城市，如果能找到买家，你连自己也会卖掉吧！”

公元前106年，始于5年前的反对朱古达的战争让盖乌斯·马略（Gaius Marius）终止了。马略出身于底层，做到了执政官的位置。在他手下，有一个年轻的贵族叫苏拉（Sulla），“一个堕落的骄奢淫逸者（Sybarite）”，以后我们会听到许多关于他的事情。

90.辛布里人和条顿人的入侵（前113—前101）

非洲的战事尚未结束，来自北方的可怕消息已经到达罗马。两个强大“可怕的野蛮人”国家，30万强悍战士，虽然没有人能说出他们从哪里来，但是，他们现在已经入侵，正在毁坏南高卢的土地，而且随时可能越过阿尔卑斯山，横扫意大利。

这些神秘的入侵者被证实是两个日耳曼部落——辛布里人（Cimbri）和条顿人

（Teutons），他们是日耳曼移民的先驱，注定要改变欧洲的面貌和历史。这些入侵者正在寻找新的家园。他们用简陋的马车装载着所有的财产、妻子、孩子，随军行动。高卢的凯尔特部落已经难以抵挡这些新来者，在他们到来之前就逃之夭夭。几支守卫纳尔榜南西斯（Narbonensis）高卢行省和阿尔卑斯山通道的罗马军队被击溃了。这在罗马产生的恐慌只有300年前的高卢入侵可以与之相提并论（第40条）。高卢人已经够可怕的了，但是现在，高卢的征服者正在到来。

朱达古的征服者马略众望所归，被认为是唯一能够挽救国家于危亡的不二人选。人们不顾宪法规定[①]，再次选举他为执政官，并赋予他以军队的指挥权。野蛮人分成了两拨。辛布里人将要穿越东阿尔卑斯山，在波河河谷同条顿人会合，而后者则要强行打开西阿尔卑斯山的关隘。马略决心阻止野蛮人的会合，将其各个击破。

预料到条顿人的行军路线，马略急忙赶往南高卢，在一个有利时刻向野蛮人发起了进攻，几乎将其全部歼灭。[②] 他现在又重新穿越阿尔卑斯山，赶着去迎战辛布里人，他们正在进入意大利的东北角。在对条顿人命运一无所知的情况下，辛布里人向马略派出了一个使团，要求他们和他们的亲族能够在半岛上获得一些土地。马略答复说："条顿人已经在阿尔卑斯山的另一侧得到了他们想要的土地。"忠实的辛布里人不久就在这一边获得了他们想要的土地。

一场可怕的战役几乎立即就在韦尔切利（Vercellae）发生（前101）。有超过10万的野蛮人被杀死，6万人成了俘虏并在罗马的奴隶市场上被当作奴隶贩卖。

91.军队的变化

直到此时，军团士兵仍然有财产资格要求。只有在巨大的公共危险时，没财产的公民才会被号召服兵役。的确，外国雇佣军在军队找到了地方，但却不是在军团里。马略现在允许没有财产的公民进入军团。从现在起，罗马军队的成员几乎完全由志愿入伍的人来填充，正如在美国的常备军里一样。当然了，这倾向于创造一个贫穷的职业兵阶层，他们实际上成了他们将军的食客，并依赖他来确保他们的战利品；兵役到期后，则被授予公共土地。他们准备跟随他从事任何事业，哪怕是反对他们的共和国。

---

① 根据公元前180年通过的一项法律，任何公民不经过10年的间隔期，不得连任任何行政官职务。

② 公元前102年，阿克韦-塞克斯提亚战役。

92.同盟者或者马尔西战争（前91—前89）

野蛮人入侵的危险还未过去，罗马边界内又出现了另一个更加严重的灾难。当时，意大利所有的自由民都被包含在三个阶层内——罗马公民、拉丁人以及意大利盟友。罗马公民包括首都的居民、被称作城邦的城镇内的居民以及罗马殖民地的居民（第48条），还有分布于意大利各处孤立农场和村落里的居民。拉丁人由拉丁殖民地的居民构成（第48条）。意大利盟友就是那些被征服的民族——罗马已经完全将城市的权利排除在外。

同盟者或马尔西战争（Social or Marsic War）——之所以有这个名字，是因为叛乱主要是由好战的马尔西人挑动的——是一次源于意大利盟友要求罗马公民权利的斗争。[①] 他们的要求遭到了罗马贵族和平民的顽固抵制[②]，于是，他们拿起武器，决定建立一个对立的国家。亚平宁山里一座叫作科菲尼乌姆（Corfinium）的城镇被选做新共和国的首都，它的名字变成了意大利卡（Italica）。就这样，仅用了一天时间，卢比孔河以南的大部分意大利地区就不再为罗马所有。

意大利同盟的硬币

赛贝里牛顶撞罗马狼。

① 应该谨慎指出的是，反对承认陌生人获得城市的权利不再基于宗教原因，正如在罗马贵族时代一样（第44条）。现在的反对只是源于罗马政府内特权阶层想保留其垄断权利的私欲。

② 意大利人在贵族那里找到了一位开明而又慷慨的拥护者，他叫马库斯·李维乌斯·杜路苏斯；但是，由于支持他们的事业，杜路苏斯在罗马树敌，并被暗杀了。

巨大的危险唤醒了古罗马的勇气和爱国精神。贵族和平民平息了他们之间的争吵，开始肩并肩地为共和国的危险局面而英勇战斗。战争持续了3年，最终靠罗马的谨慎让步才得以结束。公元前90年，因为觉察到一些现在仍然对罗马保持忠诚的群体内心不满的迹象，罗马将城市的公民权授予了所有尚未宣布反抗她抑或那些已经放下他们武器的意大利人群体。接下来一年里，城市的全部权利被授予了所有的在两个月能够内找到一位罗马行政官，并向其表达获得公民权希望的意大利人。这种对意大利人正义要求的迟到让步实际上结束了战争。①

93.对同盟者战争政治结果的评论

因此，作为战争的结果，几乎所有波河南部的意大利自由民在公民权利和政治权利方面都获得了平等。这是个具有重大意义的事件。“意大利在她所有的公民中进行登记可以被视为，”历史学家梅里维尔（Merivale）宣称，“整个共和国历史上最为伟大的政策。”拉丁和意大利同盟被全体授予公民权，使得罗马公民的数量增加了两倍多。②

意大利半岛上这种不同阶层的平等化只是早期罗马导致贵族和平民两个阶级平等化运动的后期阶段（第3章）。但是早期和后期革命的纯粹政治结果非常不同。早期时，那些要求并获得公民权的人，要么生活在罗马，要么生活在罗马的附近地区，他们因此有能力行使获得的投票和担任公职的权利。

但是，现在却非常不同了。这些新晋公民生活在分散于意大利各处的城镇、乡村，或农场里，因此，他们中很少有人去罗马参加选举，或就立法建议进行投票，或成为罗马行政官的候选人，就是很自然的事情了。因此，他们获得的权利在政治上终究是不存在的。然而，没有人会为这种情形而受到责备，城市宪法和全体公民大会制度（第12条）已经不适用于罗马了。她不断扩大的帝国需要一个像今日美国一样的代议制政府；但是，代表只是一种政治手段，如果不是源自那个时代人们的思想，它就会与现实脱钩。

居住在罗马以外的罗马公民基本上不可能参加在首都召开的公民大会，国家的职位实际上都落入了生活在罗马或者居住在其附近的那些人手里。自从粮食的发放

---

① 战争结束后，那些到现在为拉丁城镇享有的权利被授予了所有位于波河和阿尔卑斯山之间的城市。

② 公元前70年的人口普查显示，当时的公民人数是90万，远远多于战争前39.4336万人。

和公众演出是免费或几乎免费的，吸引聚集到首都来的是四面八方的穷人、懒人以及心怀不满的人们，这些大会正在迅速沦为只是被决心攫取国家的最高权力的聒噪的煽动家和不择手段的军事首领控制的暴民聚会。

这种情形在罗马公民中造成了一种严重的分裂。那些身居首都的人逐渐认为他们就是国家的真正统治者，因为，他们实际上就是带着蔑视来看待那些生活在其他城市和半岛更远地区的人。他们独自收获了被征服世界的果实。同时，外面消极的公民——我们似乎可以这样称呼他们，逐渐带着嫉妒来看待罗马那些骄奢的贵族，富有的投机商，衣衫褴褛、放荡不羁的食客和攀附权贵者。他们只好屈从于权力从这样一个群体而转入某个人手中的想法。各地人们的情感都为革命做好了准备——推翻共和国，采用帝国的形式。

94.亚洲行省的情形

同盟者战争正在意大利进行时，一个可怕的敌人在东方出现了。有“大帝”称号的本都国王米特拉达梯六世（Mithradates VI），利用共和国涣散的状态，几乎摧毁了罗马在东方的权力，使他自己成了小亚细亚、马其顿和希腊的主人。为了使东方事务中这一惊人而又迅速的革命易于理解，我们在此要对米特拉达梯出现之前地中海世界那部分的情况做一个简述。我们已经知道罗马如何将其权力扩张到马其顿和希腊（第74、75条）的，她的统治在这些地方确立不久，其权力又通过“历史的惊喜之一——一个富有而强大的君主国家的自杀式灭亡”而在亚洲得到了极大的扩张。公元前133年，帕加马国王阿塔罗斯三世（Attalus III）（第73条）去世，他留下遗嘱，愿意把王国交到罗马人民手里。[①] 罗马人接受了馈赠，将王国的领土变成了罗马的亚细亚行省。

这个亚洲的行省可能是最为富裕的地区了，因为，它是迄今为止，罗马文明获得的最为古老的地区之一。该国希腊城市的历史可以追溯到史前时代。它们的贡品使得吕底亚（Lydian）国王克罗伊斯（Croesus）的财富惊人地膨胀起来。历史早期的这种异乎寻常的繁荣现在确实已经过去了，但是，此地的财富和贸易仍然非常巨大和重要，以至于这个行省为意大利商人、投机客和放贷人的活动提供了一个很

① 在这一阶段，存在着好几个惊喜：公元前96年，昔兰尼被他的最后一任统治者赠给了罗马共和国；公元前75年，俾斯尼亚的最后一位国王也将他的王国赠给了罗马。

有吸引力的场地。这个国家充斥着掠夺当地人的殖民者阶层[①]，他们把这些不义之财运回罗马，在那里过着下流而奢侈的生活。

这个行省的罗马行政官通常是那些愿意分享一份掠夺品的人，作为回报，他们会默许这些恶行在周围发生。当然，在意大利居民中也有许多可敬的商人；不过大部分人的不诚实、敲诈和残忍都非常令人厌恶和难堪，这使他们成了当地人最为痛恨和厌恶的对象。考虑到当地人对意大利人的这种感觉，我们就会明白，米特拉达梯怎样迅速地将这些事情颠覆过来。

95.米特拉达梯在东方建立了一个帝国

米特拉达梯于公元前120年成为本都这个小王国的国王。他的非凡事业给他所处时代的人们留下了深刻的印象，他的事迹和名声已经为传说所掩盖和扭曲。他身体强健，力量过人，活动起来不知疲倦。据说，他能用22种不同语言同他人交谈。他熟知希腊的科学和文学。他宫廷里有很多希腊艺术家和学者，是希腊化时代希腊影响的重要辐射中心之一。没有哪一个亚洲国家里存在着一个比这更完美的波斯和希腊文明的结合体。实际上，米特拉达梯就是"大流士（Darius）和亚历山大的继承人"。他在马其顿人尚未征服的地区继续着亚历山大及其继任者的工作。他建立了新的希腊城市，还鼓励当地人同希腊人通婚。但是，尽管有一半希腊人血统——他母亲是一位叙利亚裔希腊人——他在本能和倾向上却是一个典型的东方专制君主。

几年来，米特拉达梯把他继承的小王国边界拓展了不少，直到它几乎把尤攸克辛海（Euxine）给环绕起来——它在事实上成了本都的内海。他现在大胆地侵占了罗马在小亚细亚的领土。受到罗马投机客、包税人、高利贷者和腐败行政官压迫的亚洲行省的当地居民都为他欢呼，称他为他们的拯救者。

为了确保他在亚洲的权力，米特拉达梯下令，在某一天，每一个意大利人，无论年龄和性别，都应被处死。这一野蛮命令几乎在各处都得到了不折不扣的执行。男人、女人、孩子，所有的意大利人都被屠杀了。大屠杀受害者的数量估计在7万到15万人之间。

---

① 掠夺在很大程度上同税费和公共租金的征收有关。当地人支付了所耕种土地1/10的收成，以及使用公共牧场的租金。同时，还存在着进口方面的海关税。盖约·格拉古时制定的一项法律规定，这些租金或者税费的征收被出租了，监察官每5年都会就这些特权进行拍卖。

米特拉达梯大帝

米特拉达梯现在将注意力转向了欧洲，派兵侵入了希腊。希望昔日帝国和大部分其他希腊城市复兴的雅典，宣布摈弃罗马的权威，并欢呼米特拉达梯为抵抗野蛮罗马人的希腊文化保护者。因此，短短数月内，罗马人的权力在整个东方都被摧毁了，他们帝国的疆界也几乎退回到了亚德里亚海。

马略

96.马略和苏拉争夺征讨米特拉达梯战争的指挥权

罗马元老院现在振作了起来。他们招募了一支军队，用来恢复对东方的统治。马略和苏拉之间立刻就发生了一场争夺军队指挥权的斗争。元老院把指挥权授予了当时是执政官的苏拉。

但是，通过暴力手段，一项违背宪法的措施[①]在公民大会上通过了，苏拉军队的指挥权被剥夺，然后授予了马略。苏拉现在认识到，必须用刀剑来解决这一争端。他率领军团向罗马挺进，并进入了城门，“这是有史以来罗马军队第一次在罗马城墙

① 该措施是《苏尔比基法律》（前88）的一个条款，这么称呼源于它们的提案人、保民官苏尔比基乌斯，他因害怕苏拉的诡计，进而同马略达成了谅解。

内安营扎寨”。马略一方遭遇挫败，他同他的10位同伴被宣布为国家公敌。苏拉很快率领军团，去东方迎战米特拉达梯（前88）。

97.马略屠杀贵族（前87）

苏拉投身于与米特拉达梯的战争中去了[①]，我们必须首先回过头来关注被宣布为国家公敌的马略的命运。从非洲——他逃亡的地方——返回后[②]，马略同执政官秦纳（Cinna）结成了同盟，试图通过武力来镇压元老院一派。罗马的食物供给被切断，城里面的人因饥饿而屈服。

马略对他的敌人施以可怕的报复。代表贵族利益的执政官格涅乌斯·奥克塔维乌斯（Gnaeus Octavius）遭到暗杀，人头被悬挂在演讲台前面。在罗马，这样的事情从未发生过——一位执政官的头颅被暴露在大庭广众之下。在整整5天里，一场残忍的屠杀一直进行着。首都每个人的生命都掌握在复仇者马略手中。这场暴行的后续，便是马略和秦纳以一种完全不合法的方式，被宣布为执政官。这是马略第7次担任执政官。但是，这次他只做了13天的执政官，便在任上去世，时年71岁（前86）。

98.苏拉被宣布为国家公敌（前82）

随着米特拉达梯战争的结束，苏拉写信给元老院，说他现在正要对马略一派——他自己与共和国的敌人——进行报复。这封信在罗马造成的恐慌随着元老院所在地的意外失火而增加了。掌握着罗马命运之谜的《西卜林书》也被烧掉了。这次事故唤醒了最令人沮丧的忧虑。人们相信，这件事只能预示着国家悲惨的灾难。

从东方返回的军队在意大利登陆（前83）。苏拉经过艰苦的战斗[③]，手握独裁者所有的权力而进入罗马。马略一派的首领都被宣布为国家公敌，他们的人头被悬赏购买，他们的财产都被没收。人们要求苏拉就他要处死的人列出一个名单，以便让他想宽恕的那些人可以从担惊受怕的忧惧中解脱出来。他列出了一份80人的名单，并将其粘贴在演讲台上。人们对着长长的名单发出抱怨。几天后，名单增至300多人，很快又加上了很多人的名字，直到它包含了成千上万意大利有头有

---

① 这就是著名的第一次米特拉达梯战争（前88—前84）。

② 对于马略的流浪生涯，参见普鲁塔克《盖乌斯·马略》，第35至41章。

③ 尤其是在首都科林尼门前的一场可怕战斗给人们留下了深刻印象。

脸人物的名字。数以百计的人被杀，只是因为苏拉的一些亲信觊觎他们的庄园。一位富有的贵族走进广场，在被宣布为国家公敌的名单里读到自己的名字后，高呼：“唉！我的别墅要了我的命啊！”当时只是18岁小伙子的尤利乌斯·恺撒（Julius Caesar）由于与马略的关系也被宣布为国家公敌，但在朋友们的调解下，苏拉宽恕了他；然而，他在这么做时，却警告说：“在这个年轻人身上，有很多个马略。”

这些被宣布为国家公敌的受害者人数已经传下来的有4700人。他们几乎非富即贵，在公共事务中起着重要作用。被宣布为国家公敌的人财产被没收和拍卖，或由苏拉赠给他的亲信们。我们听说过的一些拥有巨额财富的人的基础就是在此期间通过剥夺和抢劫打下的。

这一恐怖统治遗留给后代的就是一种可怕的、充满“仇恨和恐惧的遗产”。它的可怕场景一直萦绕在罗马人的脑海，历经几代人都不曾磨灭，共和国事务每发生一次危机，公众的思想都会不由自主地陷入痛苦的恐惧中，唯恐苏拉带来的这些可怕日子会再次出现。

99.苏拉做了拥有重塑宪法权力的独裁官（前82）

现在，元老院通过了一项法令，批准和确认了苏拉所做的一切，并按照他的意愿让他成为了独裁官。这是自汉尼拔战争以来，第一次任命一位独裁官，也是独裁官的权威第一次被授予超过6个月的时间。法令进一步使苏拉拥有了以任何方式制定法律和重塑宪法的权威，对他而言，这看起来既必要，又是再好不过的了。此时赋予苏拉的权力就像十人委员会在这之前被赋予将近400年的权力一样。

苏拉改革的主要目标就是恢复在近来革命中几乎等同于虚设的元老院的权威，以及减少保民官和平民大会的权力。

100.苏拉之死及其统治的后果

在职位上掌控了3年无限的权力后，出乎所有人意料的是，苏拉突然放弃了独裁权，然后退休了。他于退位后的一年去世（公元前78年）。作为绝对的独裁官，苏拉统治的一个重要后果就是人们习惯了一个人进行统治的想法。他的短期独裁统治是长久的绝对统治者进行统治的前奏。

这场历史大戏中的老演员们的戏份现在都快结束了。但是，情节还在深化，新人会出现在舞台上，继续扮演着虽新实旧的角色。

101.斯巴达克斯；角斗士战争（前73—前71）

苏拉被宣布为国家公敌约10年后，意大利又开始动荡不安起来。角斗成为当时圆形竞技场里人们最为喜爱的运动。来自卡普亚（Capua）培训学校的角斗士个个勇猛无比，他们用自己精彩的表演供人们消遣娱乐。角斗学校里有个叫斯巴达克斯（Spartacus）的色雷斯人，对此极为不满，于是动员他的伙伴们起身反抗。他们逃到维苏威（Vesuvius）火山口，把那里当成他们的大本营。随后，其他培训学校的角斗士，各个部落中的奴隶和心怀不满的人们也陆续加入他们的队伍当中，队伍最终达到15万人。起义3年的时间里，他们不仅与罗马政府相对抗，还把意大利南部的大部分地区一度掌握在自己手中。只可惜起义最终失败了，斯巴达克斯也惨遭杀害。①

102.韦雷斯（Verres）滥用职权与遭起诉（前70）

意大利半岛外部局势的糟糕程度比起罗马，有过之而无不及。一开始，罗马各行省官员对百姓虽说苛刻，却也诚信、严谨。可后来，他们便肆意挥霍、腐化堕落起来。在这片外省的领地上，他们的统治是极其无耻、残酷而贪婪的。遭到人们起诉的韦雷斯，就是这样一个贪官。作为西西里的地方长官，他在执政的3年里，实行独裁统治，对百姓横征暴敛，无恶不作，却逍遥法外；他出售所有的官职，为所欲为。农民大半的收成都要交给他，然后他再卖掉，让自己巨额的财富更加地膨胀。农田因此而荒芜，农业因此而荒废。喜欢艺术品的他走遍岛上的庙宇和私宅，搜罗各种宝石、花瓶、雕塑、画作等，以满足自己的私欲。

韦雷斯在任内无法被问责（第28条），然而在他的任期结束后是否要被定罪则很难说，因为审问此类罪犯的机构元老院已经变得很腐败了。确实，韦雷斯本人也公开吹嘘说，他将所得的2/3用于收买他的法官和律师，余下的1/3供自己享受。

最后，在西西里看似要被这位野蛮的征服者劫掠一空时，终于有人对这个臭名昭著的强盗提起了诉讼。这个人就是罗马当时著名的演说家马库斯·图留斯·西塞罗（Marcus Tullius Cicero），他当时在罗马声望日隆。随着一次次的审判，人们义愤填膺，韦雷斯不得不带上他大部分非法所得逃往马西利亚（Massilia）的放逐地。

---

① 镇压角斗士起义主要是马库斯·李锡尼·克拉苏的功劳（参见第107条）。

103.地中海海盗的猖獗；同海盗的战争（前78—前66）

罗马贵族统治极端无能的另一表现是：地中海水域长期以来海盗活动猖獗。罗马人征服地中海沿岸国家，不仅摧毁了这些陆上维持秩序的各国政府，同时，正如迦太基一样，也摧毁了各国海上的舰队。这些舰队，自从希腊开始在爱琴海上镇压海盗，就一直维持着地中海水域的秩序，保障了来往商船的安全运行。古罗马共和国鼎盛时期，罗马舰队在地中海水域戒备森严，但是罗马与迦太基战争结束后，其海军舰队却没落了下去。

实际上，当时的地中海已无巡逻可言，海盗因此而日益猖獗。在非洲、西班牙，尤其是希腊和小亚细亚的沿海国家中，成千上万的冒险者跳上他们的小船，通过抢劫海上商船谋生。由于内战不断，罗马各行省官员对百姓横征暴敛，还因为奴隶庄园不断增多，不断把农民从土地上赶走，农民们流离失所、无计可施，很多原本诚实而勤奋的人也成为海盗。“他们不再靠土地，而是靠大海为生”。

罗马商船

这些来自不同国家迫不得已成为海盗的“堕落国民”聚在一起，建立了自己的政府和国家。他们拥有自己的藏身之所和坚不可摧的堡垒——据说他们有堡垒4000多个——在难以抵达的山峦中，频繁出没。他们拥有上千艘战船，并建有自己的造船厂和海军兵工厂。这些海盗甚至与希腊的沿海城市签订条约，与东方国家的国王和王公们建立友好联盟。

海面上游弋着他们的舰队，舰队中的小船飞速穿梭在地中海的海面上，任何商船都无法安全地在此扬帆航行。然而这些海盗并不满足于海上所得。像后来北方海域的维京人一样，他们在海岸线上也到处袭击，掠夺别墅和城镇，抓走当地居民，公然在东方奴隶市场上把他们卖为奴隶。结果，一些地区的海边居民，为了安全，被迫像以前一样背井离乡，来到遥远的内陆重建家园。海盗甚至还在意大利本土海岸线上从事劫掠活动，把商人和游客从阿庇乌大道上抓来并坐等赎金。后来，他们又开始拦截西西里和非洲的运粮船，进而使罗马陷入饥饿之中，粮食价格飞涨。

罗马人再也无法忍受了。公元前67年，当时已经被授予了“伟大”称号的格涅乌斯·庞培（Gnaus Pompey）——一位新崛起的年轻将领，在地中海及所有陆上50英里范围内海岸线上获得了3年的独裁权。他的舰队很快就歼灭了这些海盗，摧毁了海盗在奇里乞亚（Cilicia）的要塞，并稳定了奇里乞亚及希腊两地的殖民统治，安置了2000多落入他手中的犯人。在这场肃清海盗的战争中，他精力充沛、卓有成效的行为，为他赢得了巨大的荣耀与声誉。

104.庞培在东方；米特拉达梯之死

镇压海盗的战争尚未结束，庞培就被人们投票选举负责统率攻打米特拉达梯的军队[①]——他已经与罗马打了好几年的仗了。在小亚美尼亚（Lesser Armenia）的一次大战中，庞培几乎将米特拉达梯的军队全部摧毁。米特拉达梯国王从战场上仓皇逃走，不久之后，为避免自己落入罗马人手中，选择了自杀身亡[②]。他的死，去除了罗马人心中的一个最可怕的敌人。另外两个最可怕的敌人分别是哈米尔卡和汉尼拔。当时的罗马人对这三个人物是十分敬畏的。

庞培大帝

① 即所谓的第三次米特拉达梯战争（前74—前64）。而此前的第二次米特拉达梯战争（前83—前82）只是第一次战争结束后的一次短暂冲突而已（第97条，第1个注释）。第三次战争的统帅过去是卢基乌斯·李锡尼·卢库卢斯。

② 然而，一些权威人士却称他是被自己儿子谋杀的。

现在，庞培挥军向南，相继征服了叙利亚、腓尼基和凯勒叙利亚（Coele-Syria），并把这几个国家合并成罗马的叙利亚行省（前64）。这位征服者继续往南推进，进入了巴勒斯坦地区。经过对耶路撒冷的短期围攻，他利用犹太人忌讳在安息日打仗的顾虑，占领了这座城市（前63）。庞培不顾祭司们的极力抗议，强行进入到神殿最深处的圣坛。在那里，他吃惊地发现室内，甚至是殿内所敬奉的画作和神灵的雕像，没有一丝被动过的痕迹。周围的景象使他震惊不已，对这些《圣经》里的神明的珍宝动也未动便离去了。“在所有东方神灵中，唯独耶路撒冷神明金器被一位罗马的冒险者所敬重”（费列罗）。

在征服巴勒斯坦的战役中，罗马人把这块他们所征服过的土地中最小的一块也纳入了他们广袤的帝国版图中，这块土地虽然很小，但它注定会对它的命运产生深远影响。

105.庞培凯旋

处理完东方各国及各行省的事务，建立了诸多的城市之后，庞培启程返回罗马。在罗马，他穿上亚历山大大帝的盛装，举行了自罗马建城以来从未有过的盛大凯旋仪式。在这个仪式上，所有来自东部地区的战利品都在队伍中得以展示。322位王子像俘虏一样走在这位征服者凯旋战车前面；战旗飘飘，上面标有他所抓获的21位国王的名字、所摧毁的1000个要塞、9000座城镇、800条战船、1200多万臣服的子民；他不仅使国家税收成倍增加，还额外往国库中放进去2万塔兰同的财富①。他吹嘘自己取得了三次大的胜利，每一次都征服了一个大陆——先是非洲，再是欧洲，现在是亚洲，从而完成了对整个世界的征服。

106.喀提林（Catiline）阴谋（前64—前62）

当庞培忙于在东方带兵打仗、远离意大利的时候，一场大胆的反政府叛乱正在罗马酝酿。路西乌斯·塞尔吉乌斯·喀提林（Lucius Sergius Catilina）是一个恣意挥霍之人，他聚集了一大批同样是挥金如土、债台高筑的亡命之徒，他们意图谋杀执政官和国家要人，抢劫焚烧首都，然后成立新政府，然后由谋反者瓜分政府的职位，更新苏拉的国家公敌名单，所有的债务都将被免除。

---

① 价值2500万美元。

幸运的是，这些谋反者的所有图谋并未得逞，一位伟大的演说家、当时的执政官西塞罗揭穿了他们的阴谋。元老院立即赋予执政官以独裁权，提议他们“应精心保护共和国，使其免受伤害”。人们随后在城墙上配备了守卫；国家及首都各个角落都调遣了武力以防“隐身的敌人”。 接着，西塞罗在元老院趁喀提林本人在场时，发表了被称为《第一次反对喀提林的演说》（*First Oration against Catiline*）的著名的抨击演说，揭露了整个阴谋。元老们纷纷从这个谋反者身边走开，剩下他自己孤零零地坐在那里。对于西塞罗的质问，喀提林的回答显得苍白无力，他深感自己罪恶滔天。在元老们“叛国贼”和“叛逆者”的叫骂声中，他跑出元老院，慌慌张张地逃离了罗马城，来到他追随者的营地伊特鲁里亚。在比斯多利（Pistoria）近郊的一场垂死之战中，他和很多追随者被杀死（前62）。他的头颅被作为战利品割下来示众。西塞罗也因此被人们誉为“国家的拯救者”。

107.恺撒、克拉苏和庞培：所谓的“前三头同盟”（前60）

尽管喀提林的阴谋失败了，但人们不难看出罗马共和国的衰亡已近在眼前。确实，这次事件发生后，罗马共和国已名存实亡，罗马自由的时代也早已结束。现在的罗马政府或是掌握在野心勃勃、受人追捧的领导者手里，或是掌握在腐朽的联合体和“小圈子”手中。历史事件主要集中在少数几位大人物身上，共和国的编年史也成为传记史而非历史了。

现在，罗马共和国有三位大人物——恺撒、克拉苏和庞培——他们注定会不甘寂寞。盖乌斯·尤里乌斯·恺撒出生于公元前100年，虽来自于一个古老的贵族家族，但他仍旧认定自己属于马略党或民主派。他想方设法争取大众的支持。他会在公众节目及饭桌上花费大量金钱。他极受欢迎，无人可比。在西班牙的一次胜仗中，他向自己也同时向他人证明了自己具有将帅之才。

马库斯·李锡尼·克拉苏（Marcus Licinius Crassus）属元老或贵族派。他的影响力归功于他巨大的财富，他是罗马世界中最富有的人之一。据估计，他的资产高达7100塔兰同[①]。

我们已经对格涅乌斯·庞培及其所取得的辉煌战绩非常熟悉了。他在整个罗马世界影响巨大；因为，他在安置和重组许多他所占领的领土时，总是有意使它们符

① 大约900万美元。

合自己的利益，就像那是共和国的利益一样。政府的职位上满是他的朋友和追随者。这种关系使他得以在诸行省中享有无尽的威望。他久经沙场的军团士兵对这位率领他们取得了一次又一次胜利的将军自然也是忠心耿耿。

众所周知的“前三头同盟”①（The First Triumvirate）就仰仗着恺撒的天赋、克拉苏的财富和庞培的战功。这三人为了保障他们对公共事务的控制权，私下达成共识，结成同盟。每个人都承诺维护其他人的利益。恺撒是“小圈子”负责人，在其他两位的帮助下，他稳固了自己的执政官地位。“冥冥之中，命运之神将他们三人联系在了一起”（费列罗）。

108.恺撒远征高卢（前58—前51）

在执政官职位将要到期之时，恺撒确保了自己作为地方总督对阿尔卑斯山南北高卢行省以及伊利里库姆（Illyricum）等行省的管理权。在阿尔卑斯山外，高卢和日耳曼部落处于动荡不安之中。恺撒发现那里是一处良好的用武之地，可以为他赢得像在其他地方赢得、现在为庞培享有的荣誉和特权一样。随着荣誉和特权的获得以及拥有一支忠于他利益的久经沙场的军队，他可能希望轻而易举地获得对各种事务的领导权，他的雄心壮志也敦促他这样做。

公元前58年春，传自阿尔卑斯山外地区的警报促使恺撒急匆匆从罗马赶往阿尔卑斯山北部的高卢地区，从而开启了他与高卢、日耳曼和不列颠诸部落之间的8次激战。在他令人赞赏的《往事记》（*Commentaries*）里，作为罗马人曾经写就的最好的历史作品，恺撒自己给我们留下了一个忠实而生动的记载，其中，所有著名行军、战斗和围攻都发生在公元前58年至公元前51年之间。

公元前55年，这一年因为两大引人注目的成就而为人所牢记。这一年早春，恺撒修建了一座可以跨过莱茵河的大桥，并率领他的军团在原始森林和沼泽地中对阵日耳曼人。同一年秋天，他通过突击造船，越过了把不列颠同欧洲大陆分割开来的海峡，并在那个岛上维持一个据点两周后，又将其军团撤往高卢过冬。翌年春天，他再一次入侵不列颠岛，但是，在经过多次同凶猛野蛮人的交锋后，没有在岛上建立任何永久性要塞，然后再次返回了欧洲大陆。几乎100年后，不列颠当地居民才

---

① 严格说来，这一称号不太确切，因为“三头同盟”是指由三位正式的裁判官所组成的委员会。因此，这一称号仅限于第107条使用，指的是上面所提及的这个团体，还有通常所说的“第二次三头同盟”。这一团体是由公民投票后建立起来的，三位执政者将享有5年的独裁权。

再次受到罗马人的骚扰（第130条）。

恺撒对高卢人的胜利在罗马激起了人们巨大的热情。“让阿尔卑斯山沉没吧，”西塞罗高呼，“诸神让它们矗立在那儿是为了防止意大利遭受野蛮人的攻击，我们现在已经不需要它们的存在了。”

109.高卢战争的结果

历史学家费列罗宣称，恺撒征服高卢之战是“罗马史上最重要的大事”。这次征服所取得的重要结果之一就是在这个地区整个建立了罗马式的和平。在罗马人进入这个国家之前，高卢尚处于四分五裂、部落之间征伐不断的局面。罗马在将权威施加到这些部落头上时，终止了他们之间的相互冲突，第一次使和平的艺术在人们中间得以快速和稳定地发展成为可能。

恺撒高卢之战的第二个重要结果就是高卢的罗马化。这个国家被迫对罗马商人和移民者开放，他们还带来了意大利的语言、习俗和艺术。许多高卢酋长获得了荣誉，不同的地区也享有特权，一些重要而又具有影响力的本地人被授予罗马的公民权。

高卢的这种罗马化对罗马和欧洲的历史而言都意义重大。罗马人在意大利的声望不断下降。这个新的罗马化民族在帝国时期为罗马提供了许多最好的统帅、政治家、皇帝、演说家、诗人和历史学家。

进而言之，高卢罗马化意味着拉丁国家又增加了一个新成员。他们将会从罗马帝国的四分五裂中兴起。毫无疑问，如果恺撒未占领高卢，它将受到日耳曼人的蹂躏，并最终成为日耳曼版图的一部分。如此一来，在阿尔卑斯山和比利牛斯山的北部就不存在伟大的拉丁国家了。如果这个带有一半意大利风情、天性和传统的法兰西国家不存在，欧洲史会是什么样子就很难想象了。

恺撒的高卢战争以及对好侵略的日耳曼族部落的战役最后一个结果是他对这些民族迁徙活动的控制。假如没有这种控制，我们所称的日耳曼民族大迁徙运动或许在耶稣诞生之前的第一个世纪，而不是耶稣诞生后的第五个世纪就开始了，罗马充实、丰富她的文明，并在整个地中海世界将她建立起来的伟大的工作就可能会被打断，而不是恰到好处地开始。

110.克拉苏之死；恺撒与庞培之间的较量

恺撒在阿尔卑斯山那边征战时，克拉苏正率领一支军队攻打帕提亚人，他希望能以此来抗衡恺撒在高卢的辉煌战绩。但是，他的军队几乎全军覆没，他自己也战死沙场（前54）。

现在整个世界都属于恺撒和庞培两人了。两位野心勃勃的竞争者迟早会发生冲突，这是无法避免的事情。他们在“三头同盟”中的联合只是充满私心地相互利用，绝非是出于友谊。恺撒在高卢征战时，庞培正在罗马嫉妒地关注着劲敌日益增长的名望。他慷慨解囊，尽力赢得普通百姓的喜爱。他举办大型活动，安排公共娱乐节目，当人们对圆形广场上的体育活动失去兴趣时，他就安排角斗供人们消遣。

同样，恺撒也为这场他能预见到的斗争而加强了与人民的关系。他想方设法讨好高卢人；给士兵增加薪水，赋予不同城市的居民以罗马公民权；为罗马送去大量的黄金用于建造神殿、剧院和其他公共建筑，同时还用于投入各种表演和庆典活动，目的是使这些活动更为壮观，赛过庞培。

出于对庞培的支持，元老院任命他为唯一的执政官，任期为一年（前52），这几乎相当于使他成为独裁官；元老院还颁布法令，让恺撒在规定的日期之前辞职，解散他的罗马军团。于是，危机到来。恺撒命令他的军团火速从高卢赶往意大利。在他们尚未到达的情况下，他便在拉韦纳（Ravenna）率领一小股跟随自己的老兵，渡过了标示他行省边界的卢比孔河。这就是宣战行为。他跳入河中时，大呼：“木已成舟！”

111.恺撒成为西方的主宰（前49—前48）

恺撒在意大利向南推进时，一座又一座的城市向他敞开了大门，一个接一个的军团加入到他的队伍中来。庞培带着他的几个军团逃到了希腊。在60天的时间里，恺撒让自己成了全意大利的主人。他的温和使他赢得了所有阶层的支持。很多人曾认为马略和苏拉时代的可怕场景会重现，然而，恺撒却向人们保证，生命和财产是神圣不容侵犯的。

随着意大利秩序的恢复，以及西西里、撒丁岛和西班牙也被置于他的权威之下，恺撒现在可以自由地向东方的庞培进攻了。双方的军队在塞萨利的法萨罗（Pharsalus）平原相遇，庞培的军队被击溃，他本人则从战场上逃脱，跑到埃及去了。就在刚登陆时，他却遭暗杀而死。

112.一封简洁的信函；内战结束了

尾随庞培而至埃及的恺撒在那里滞留了9个月，为的是解决那里的王位争端。王国最终被交到著名了克利奥帕特拉（Cleopatra）和她一个更加年轻的弟弟手中。现在，有一条信息从小亚细亚传来，说米特拉达梯大帝的儿子法纳西斯（Pharnaces）正在那个地区的各民族中煽动反叛。恺撒在泽拉（Zela）与本都国王相遇，将其击败，并在5天内结束了战争（前47）。他写信给一位友人宣布胜利，其用语简洁有力，十分有名。它这样写道："我来了，我看见了，我征服了！"[①]（Veni，vidi，vici！）

恺撒现在急忙赶回意大利，再从那里前往非洲，旧共和国的拥趸把非洲当作他们最后的主要集结地。在塔普苏斯（Thapsus）这场重要的战役中（前46），他们被粉碎了，5万人死在了战场上。军队的生命和灵魂加图[②]，不想眼睁睁看着他曾经为之服务过的共和国灭亡，便自行结束了生命。

113.独裁官恺撒；无冕之王

恺撒现在事实上就是罗马世界的主人。[③] 他虽然避免接受国王的头衔，却接受了象征王权的紫袍；他还追随君主制的习俗，把自己的肖像印在了流通的硬币上。他的雕像引人注目地与早期罗马的七位国王并列在一起。他被授予这个国家的所有官职和权力。元老院使他成为了终身独裁官（前44），还授予他监察官、执政官和保民官的权力，以及最高祭祀和元首的头衔。因此，他虽然没有国王之名，却享有国王之实，是个专制统治者。

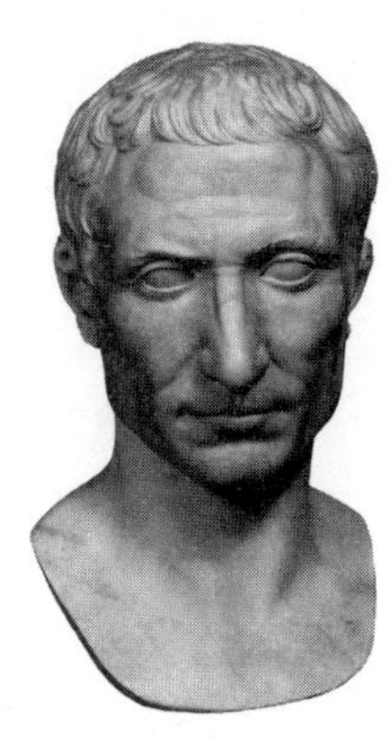
恺撒

114.政治家恺撒

恺撒拥有把罗马征服的整个世界接纳下来的伟大计划。他的主要目标就是在帝国的不同阶层内建立平等的权利，使各个行省与意大利处于同一地位，将各种各样

① 普鲁塔克，《恺撒》，第1页。

② 监察官加图的孙子（第77条）。

③ 庞培之子——格涅乌斯和赛克斯图斯——在西班牙领导了一场叛乱。恺撒于公元前45年在蒙达的一场决定性战役中粉碎了这次叛乱。

的民族融合成一个真正的民族——一言以蔽之，就是完成早就开始的使整个世界罗马化的工作。为此，他在各行省内建立了大量的殖民地，并在其中安置了生活在首都的10万贫困公民。带着使许多人吃惊又冒犯了许多人的慷慨大方，他让自由民的儿子有机会进入元老院，尤其是从高卢人中选出来的代表，并赋予首都以外的人以及各行省的所有阶层和社会以城市的部分和全部权利。他的行动在罗马历史上开创了一个新纪元。城市的豁免权与特权，迄今为止，除了一些特殊情况外，从未被授予意大利民族以外的其他民族。恺撒向各行省的非意大利人敞开了城门。因此，这预示着整个帝国的所有自由民都应该有享有罗马人的荣誉和特权的那一天[①]（第143条）。

在行省的管理方面，恺撒引入了改革，就是重视对贪财的管理者、包税人和高利贷者这些首都以外的人的调查。在罗马，他通过限制对真正需要谷物救济的人来纠正弊端。这项改革使接受公共慈善的人数减少了一半以上。

作为最高祭祀，恺撒对历法进行了改革，再次将节日安排到它们合适的季节，为防止一年由365天组成造成进一步混乱，他提出了每4年增加1天。这就是所谓的罗马儒略历（Julian Calendar）。[②]

除了这些成就，恺撒还规划了许多庞大的事业（其中包括测量国家的辽阔疆域和编纂罗马法律），但是，他的骤然去世却阻碍了这些计划的实施。

115.恺撒之死（前44）

恺撒有一群对他怀恨在心的仇人，他们从未停止过密谋将他赶下台。同时，还有一些旧共和国的热爱者，对这些人来说，恺撒就是共和自由的破坏者。他会加冕为王的流言开始盛行。执政官马克·安东尼（Mark Antony）多次在公共场合献给他王冠；但是，他看到人们脸上明显不悦的表情，每次都把它推到一边去。不过，毫无疑问，他私下里很想得到它。据说，他提议重建传说中罗马民族的摇篮特洛伊城，以及使古老的都城作为新罗马帝国的所在地。其他人则声称，为他在罗马生了一个儿子的埃及女王克利奥帕特拉（Cleopatra）的手段和魅力会诱使他把亚历山大

---

① 恺撒所有法律中最为重要的一部就是著名的《罗马的第一部规划法》（前45），其目的就是将秩序和统一纳入市政系统，在意大利的城市中开发一种更加富有活力的市民生活。以此组建起来的所有市政府，无论是位于意大利的还是各个行省的，都要符合包含在这项重要宪法措施中的原则。

② 这种历法以旧有的埃及历法为基础，在欧洲得到了普遍使用，直到1582年教皇格里高利十三世对其进行了改革，改革后的历法就是著名的格里高利历。除了希腊教会（俄罗斯等）这些继续使用罗马儒略历的国家外，新历法在所有的基督教国家都得到了采用。

作为他设想的王国中心。因此，很多人出于对罗马和旧共和国的热爱，同那些由于其他因个人原因想除掉独裁者的人走到了一起，密谋取他的性命。

公元前44年3月15日，在元老院的召开会议上，暗杀发生了。七八十个阴谋家，在盖乌斯·卡西乌斯（Gaius Cassius）和马库斯·布鲁图斯（Marcus Brutus）的领导下，参与了这次阴谋。占卜者一定知晓阴谋家的计划，因为他们警告恺撒“3月15日那天”要当心。那一天，他走进元老院开会的大厅时，注意到了占星家斯普林那（Spurinna），便针对他的预测漫不经心地说，“3月15日到了”，斯普林那答道，“是的，但是还没过去呢”。

恺撒一坐到座位上，阴谋家便向他围拢过来，好像要提出请求。得到他们一伙人中的一个发出的信号后，他们便拔出匕首。片刻之后，恺撒起身自卫；但是，当看见曾经慷慨地给予过礼物和恩惠的布鲁图斯（Brutus）也在阴谋者中间时，据说，他惊呼道：“还有你，布鲁图斯！”（“Et tu，Brute！”）然后把外套蒙在脸上，任凭他们向自己刺来。

罗马人曾杀死了他们中的很多大人物，并中断了他们的工作；但从未杀死一个像恺撒一样的人。他是他们这个民族中有史以来产生的最伟大的人物。

恺撒的工作尚未完成。让他的工作具有非凡历史意义的事实是，恺撒通过自己的改革和政策而描绘的大致轮廓为其继任者所遵循，他还指明了将来的政府必须作为基础的原则。

116.第二次三头同盟（前43）

恺撒的朋友和秘书安东尼获得了他的遗嘱和文件，现在，他根据元老院的法令，打着贯彻独裁官遗嘱的旗号，开始其专横篡夺的过程。他的计划得到了恺撒的副官之一马尔库斯·埃米利乌斯·雷必达（Marcus Aemilius Lepidus）的帮助。很快，他就开始行使一个真正独裁官的所有权力了。西塞罗说：“暴君死了，但是暴政仍然活着。”

至于安东尼的篡夺事业还要持续多久，如果恺撒年轻的甥孙、他在遗嘱中指定为继承人并收为养子的盖乌斯·屋大维（Gaius Octavian）[Octavius]不反对，是很难回答的。内战因此而产生。经过几个月的敌对之后[①]，刺杀恺撒的凶手在东方实

---

① “穆蒂纳战役”，之所以用这个名字，是因为战斗发生在北意大利的穆蒂纳（即现在的摩德纳）附近。

力的增长成了一个共同的担忧，这导致屋大维、安东尼和雷必达决定暂时搁置对抗，联起手来，共同对付他们。会议的结果就是一个同盟的形成——得到了平民大会的认可——即著名的第二次三头同盟①（The Second Triumvirate）（前43）。

年轻时的屋大维（奥克塔维乌斯）

西塞罗

三头同盟的计划很是臭名昭著。他们决定了一个普遍性地宣布为国家公敌的方案——标志着苏拉权力到来的那种。他们达成一致：每个人都要把曾招致三头同盟中其他人厌恨的自己的朋友交给暗杀者。按照这个秘密协议，屋大维放弃了他的朋友西塞罗——他因反对安东尼的计划而招致他的仇恨——允许将他的名字置于被宣布为国家公敌名单的榜首。

这位演说家的朋友们都敦促他逃离这个国家，他说："让我死在这个我经常挽救的国家吧！"他的随从们都催促他，他才不情愿地向海边逃去。这时，他的追捕者追上来，在他常坐的轿子里杀死了他。他的头颅被带到了罗马，摆到了演讲台的前面，"那可是他经常向人们做演讲，雄辩地呼吁自由的地方"。据说，安东尼的妻子富尔维娅（Fulvia）用一只金锥子刺穿了他的舌头，为的是报他曾猛烈抨击自己丈夫的仇。受害者的右手——写出雄辩演讲词的那只手——被钉在了演讲台上。

西塞罗只是成百上千的受害者之一。所有苏拉在位时的场景都得到了重演。2000名骑士和200至300名元老遭到杀害。富人的财产被没收，并且进行了公开拍卖。

① 参见前面第107条，第2个注释。

117.共和国在腓利比的最后一搏（前42）；安东尼和屋大维手中的罗马世界

旧共和国的拥趸和三头同盟的敌人同时在东方集合。布鲁图斯和卡西乌斯是最活跃的灵魂人物。屋大维和安东尼一处置完他们在意大利的敌人，就穿越亚得里亚海进入希腊，驱散共和派在那儿的军事力量。

双方的军队在色雷斯（Thrace）的腓利比（Philippi）相遇（前42）。经过连续两次交战，解放者召集的新兵被击溃，相信共和事业会永恒的布鲁图斯和卡西乌斯失败后自杀。事实上，这是共和派做出的最后一次努力，而介于腓利比行动和帝国建立之间的历史却只是记录了三头为了获得最高权力而进行的斗争。经过对各行省的重新划分，雷必达最终被从三头中排挤掉，接着，罗马世界再次像恺撒和庞培时代一样，落入了两个主人的手中——东方的安东尼，西方的屋大维。

118.安东尼和克利奥帕特拉

腓利比战役之后，安东尼进入亚洲，为的是解决那里各行省和附庸国的事务。在奇里乞亚的塔苏斯（Tarsus），他遇见了著名的埃及女王克利奥帕特拉。他完全被迷住了，正如之前伟大的恺撒，被“尼罗河之蛇”的魅力给迷住了一样。他为她的魅力所奴役并为其非凡的智慧所陶醉，在享受着她的伴随之乐时，忘记了所有其他的东西——雄心、荣誉和国家。

119.亚克兴（Actium）海战（前31）

事情不可能按照它们现在的轨道继续了。安东尼为了美貌的克利奥帕特拉，把他忠实的妻子、屋大维的姐姐屋大维娅（Octavia）冷落在一旁。在罗马，人们不无道理地私下议论，安东尼打算使埃及的亚历山大成为罗马世界的首都，并宣称让恺撒与克利奥帕特拉的儿子恺撒里昂（Caesarion）作为帝国的继承人。整个罗马都被搅动起来。显然，一场斗争即将来临，目的就是为了决定应该是西方统治东方，还是东方统治西方。所有人的目光都本能地转向了意大利的守卫者和永恒之城最高统治权的支持者屋大维。

双方都为不可避免的冲突做了最为充分的准备。屋大维在希腊西海岸亚克兴海角附近遇到了安东尼和克利奥帕特拉的联合舰队。在战与不战还没有决定下来的时候，克利奥帕特拉却调转了她的船头，逃跑了。埃及的船只有50艘，也争相逃走。安东尼一觉察到克利奥帕特拉撤退了，便忘记了一切，带着一艘快速战舰追随她而去。赶上逃跑的女王后，这个痴情的男人被接到了她所在的战舰上，成了她不光彩逃跑路上的同伴。

被抛弃的舰队虽然仍在英勇地战斗，但还是被摧毁了，军队向屋大维投降。这个征服者现在是文明世界唯一的主人。共和国的结束和帝国的开始，通常会追溯到这场决定性的战役（前31）上来。然而，一些历史学家却把帝国建立的日期追溯到公元前27年，因为，直到那时，屋大维才被正式授予帝国的权力。

120.安东尼和克利奥帕特拉之死；埃及成为罗马的一个行省

屋大维追赶安东尼一直到埃及，在那里，安东尼被自己的军队抛弃，再加上奸诈的女王派一位信使告知他她已经死了，安东尼便自杀了。克利奥帕特拉接着便试图运用自己的魅力来制服屋大维，但是失败了，由于意识到他会把她带到罗马，去为他的胜利锦上添花，她也自杀了，时年38岁。随着克利奥帕特拉的死亡，著名的托勒密（Ptolemies）王朝也画上了句号，埃及从此成为罗马的一个行省。

03

第三阶段

罗马帝国

前 31—476

第一部分　元首统治时代

第七章　帝国建立和奥古斯都的元首统治

（前31—14）

121.帝国政府的特点；两头政治

百年冲突随着亚克兴战役而结束了，战后的罗马共和国既虚弱，又无助，她现在掌握在一个英明而又强大的人手里，他足以以一种可以延长其存在时间达500年的方式重塑它支离破碎的片段，而当时，这个国家看似就要分崩离析了。从无政府和混乱中创建一个新国家是一项巨大的工程，在某种程度上，这就是一种应该展示永久性和活力的政治结构。梅里维尔说："罗马帝国的建立终究是人类曾经创建过的最为伟大的政治事业。亚历山大、恺撒、查理曼（Charlemagne）和拿破仑的功绩都难以望其项背。"

从东方返回后不久，屋大维就放下了他作为军团唯一主宰时所掌握的惊人权力。然后，元老院无疑是按着之前对屋大维的理解，或者根据他众所周知的愿望，重新授予他虽然具有共和国头衔，但实质上跟从前一样的实际权力；因为，他铭记着恺撒的命运，所以他想在新安排下所接受的真正绝对权力上面装饰着旧共和国的形式。他不想接受国王的头衔，他知道那个称呼自从塔克文家族被驱逐以来，人们对它一直是多么的深恶痛绝，他牢记着很多罗马的优秀人物，包括伟大的恺撒，之所以会毁灭，就是因为他们让人们认为，他们的目标就是王权。他也没有接受独裁官的头衔，这个称呼自从苏拉时代以来，对人们来说，就成为像国王一样令人无法容忍的头衔。不过，他采用或者接受了元首（Imperator）这个头衔——皇帝的称呼就是由此而来的——虽然它拥有军团统帅的绝对权威，但是却没有附带令人不适的记忆。他还从元老院接受“奥古斯都”（Augustus）这个荣誉姓氏，这个头衔到目前为止对神明来说都是神圣的，它因此就摆脱了所有不吉利的联想。对这一行为的纪念被体现在了历法上。元老院颁布法令，罗马年的第6个月应该被叫作奥古斯都（公历一年中的第8个月称为“August”便由此而来），以纪念元首；与此类似，把这个月之前的一个月命名为尤利乌斯[Julius,就是7月（July）]，为的就是纪念尤利乌斯·恺撒。“第一公民”的称号也授予了屋大维，它只是礼貌和尊严的一种称号，只是指出他作为一个自由共和国的第一公民而接受它。

奥古斯都

奥古斯都的这个雕像被认为是最好的罗马肖像作品之一。

屋大维很注意避免接受任何暗示帝王权威和特权的头衔去伤害旧共和国遗老们的敏感神经，他还很注意避免因取消任何共和国职务或大会而激起他们的反对。他允许所有的旧行政官像以前一样存在；但是他自己却掌握和行使它们权力和功能中最为重要的部分。

同样，所有的公民大会都保留下来，照常举行选举和就摆在他们面前的措施进行投票。但是，屋大维已经被授予执政官和保民官的权力，有权召集他们，把提名的人安置到各种岗位上去[①]，以及立法。实际上，名义上的执政官和保民官也拥有这种权力，经过奥古斯都的长期统治，新秩序被牢牢确立了起来，在未经过政府新主人同意的前提下，他们是不敢行使这种权力的。因此，公民大会的审议实际上就是走个过场而已。

元老院仍然存在[②]，但是，一切真正的独立性都被其第一成员元首给剥夺了。屋大维努力把这个机构提升至一个更高的标准。他把元老的人数——安东尼已经将人数提升至1000人——减少至600人，从名单上剔除了那些不值得尊敬的成员和顽固的共和政体拥护者。

我们可以说此前被废除了500年的君主制现正在缓慢地崛起于共和国旧有的形式中[③]。这就是现实中正在发生的事情；古代国王的主要权力在共和国时期已经逐渐被分解，并授予许多的行政官、社团和代表大会手中，而现在它们正再次被集中在一个人手里。这种朝向个人不受约束统治的趋势就是帝国前300年罗马宪法史的本质；自此以后，所有权力便完全集中在了元首的手中，屋大维的含蓄君主制在戴克里先（Diocletian）明目张胆的东方君主制里便显露出其真相（第146条）。

122.行省的管理

帝国革命让行省的状况得到了极大的改善。所有那些动荡不安，需要奥古斯

---

① 执政官通常由奥古斯都提名，为了使他大量的朋友和亲信会觉得有尊严，任期被大大缩短。后来，保民官的任期被缩短至2到3个月。

② 帝国早期，元老院在奥古斯都宪法性的安排下，可以和皇帝分享政府权力，这一时期的政府被一些人称作“两头政治”，指的是有两个机构领导的政府。然而，事实上，元老院权威的多寡完全取决于占统治地位的皇帝的意愿。有些皇帝，像奥古斯都，对这个机构很尊重，允许它在政府中具有真正的话语权；然而，其他人就拒绝接受元首和元老院共同统治的理论，实际上，他们践行的是独自统治。

③ 关于所有这些政府安排，格里尼奇教授评论如下：“作为共和国的恢复，这种解决方式受到了正式和非正式的欢迎，但是，后来的作家，以同样的理由，坚持合法君主制的开始”（《罗马公共生活》，1901年出版，第339页）。

都[1]从元老院那里收回的庞大军队的存在，并由他亲自管理的行省，它们被称为“恺撒行省”。不像那些实际上由不负责任的地方总督和地方长官管理的地区，从此以后，这些恺撒行省就由皇帝的钦命大臣治理了，这些钦命大臣由皇帝任免，向皇帝负责，他们要忠实、诚实地履行自己的职责。他们的薪俸由他们的职位决定，因此，那些来自于与收费、征用及类似手段而实行的早期自费系统有关的可耻弊端都被肃清了。

比较稳定的行省依然由元老院控制，它们被称为“人民行省”。这些行省也因变化而受益，因为皇帝也很关照它们，作为终审法官，皇帝可以拨乱法正，惩罚那些侵犯权利和正义的明目张胆的犯罪者。

123.日耳曼人在阿米尼乌斯的率领下大败瓦卢斯（9）

奥古斯都的统治因曾经降临在罗马军团上最可怕的灾难之一而为人所铭记。奎因克提里乌斯·瓦卢斯（Quintilius Varus）将军错误地以为，他能够统治在某种程度上被置于罗马权威之下热爱自由的日耳曼人，就像他统治东方行省里顺从的亚洲人一样。他因此激怒了他们，使他们决心叛乱。在瓦卢斯率领一支有三个军团组成、人数大约2万人的军队穿越几乎人迹罕至的条顿堡森林时，遭到了在勇猛首领赫尔曼（Hermann）———被罗马人称为阿米尼乌斯（Arminius）——带领的野蛮人的突袭，他的军队被摧毁。

这场灾难在罗马造成了极大的恐慌。奥古斯都因帝国和国内的苦难而心力交瘁，悲痛欲绝。他痛苦地在宫殿中踱步，不停地大喊：“哎呀，瓦卢斯，瓦卢斯！还我军团！还我军团！”

阿米尼乌斯对罗马人的胜利在欧洲文明史上是个具有重大意义的事件。当时的日耳曼人几乎被彻底征服，处于被罗马化的边缘，就像高卢的凯尔特人曾经遭遇的一样。此役之后，欧洲的历史就发生了改变，因为日耳曼元素成为对后面1500年的重大历史事件产生重要影响的因素之一。在这些野蛮人中，也有美国人的祖先。假如罗马成功地消灭或征服了他们，就如克雷西（Creasy）所说的，不列颠可能从来就不会有英格兰这样的名字了。

---

① 从现在起，我们应该用这个荣誉姓氏来称呼屋大维。

124.奥古斯都统治期间的文学和艺术

奥古斯都的统治持续了44年——从公元前31至公元14年。正如我们所了解的，虽然奥古斯都的统治受到了一些来自前线祸患的干扰，然而，或许，文明世界以前从未享有过这么长时间的一个可以远离战乱的休养生息时期。在这个繁荣的时期，罗马在战争时期开启以及和平时期关闭的雅努斯神殿的大门关闭了3次。在此之前——自罗马建城以来，雅努斯神殿的大门只关闭过两次，罗马人一直处在不断地征战之中。

长时间的休养生息，与之前所有岁月里都充斥着冲突的时期相比，非常有利于文学和艺术的发展。在皇帝和他的亲信大臣米西纳斯（Maecenas）的赞助下，诗人和作家辈出，出现了拉丁文学的黄金时代。许多人感叹共和国的崩溃，在对文学的追逐中寻求慰藉；在这方面，他们得到了奥古斯都的鼓励，因为它让许许多多不安分的灵魂有了消遣对象，否则，他们就会投入到反对政府的政治阴谋中去。在这个时期的文学领域，出现了四个重要的名字：维吉尔（Vergil）、贺拉斯（Horace）、奥维德（Ovid）和李维。[①]

米西纳斯

① 对这些作家作品的简要评论，参见第186、189条。

奥古斯都还是建筑和艺术方面的慷慨赞助者。他用许多辉煌的建筑，包括神殿、剧场、柱廊、浴池和沟渠来装饰首都。他不无骄傲地说："我发现罗马时，它是一座砖做的城市；我把它变成一座大理石做的城市。"当时的罗马城约有100万人口。帝国的其他两座城市——安条克（Antioch）和亚历山大——据说每座也拥有与之数量相当的公民。这些城市的建筑和艺术作品也都取得了辉煌灿烂的成就。

125.奥古斯都统治期间的罗马社会生活

奥古斯都统治期间，首都生活中最为显著的一个特点就是有大量罗马公民接受国家的粮食救济。至少有20万男性公民是这项公众赈济的受益人①，这意味着首都有50多万人无法或者不愿意独自谋生。购买这些需要免费发放的数量巨大的粮食对帝国国库而言是最为沉重的负担之一。

而当时罗马生活的另一个显著特点就是人们对竞技场上血腥场景的日益迷恋。皇帝本人就这些壮观的场面做了如下记述："我3次以我的名义，5次以我儿子或孙子的名义，提供了角斗表演；在这些表演中，大约有1万人参加了搏斗……我26次以我的名义，或我儿子或孙子的名义，提供了在圆形广场、广场、竞技场捕猎非洲野兽的表演，大约有350头野兽被杀死。"

"我为人们在台伯河那边——那里现在是恺撒家族的果园——提供了一次海战表演。为此，人们开挖了一口1800英尺长、1200英尺宽的大坑。在这场竞赛中，30艘喙形舰首的三层桨或者双层桨战船参加了战斗，此外还有一些尺寸更小的战舰。除了划手外，大约3000人在战舰上参与了战斗。"②

罗马社会生活的另一面是家庭关系变得松散，这一点我们需要注意。离婚人数成倍增加，家庭看似即将解散，正如过去的那些较大的部落和氏族一样。奥古斯都想要通过鼓励婚姻和限制离婚方面的法令和法规来抑制这种颓废趋势。但问题在失败的道德和宗教生活中非常难以解决，政府的任何措施都于事无补。

---

① 数字一度达到32万，但是，尤利乌斯·恺撒和奥古斯都两人都将名单中不合适的申请者进行了清除。

② 《安奇拉铭文》第22、23章；威廉·费尔利博士编辑，《欧洲史原始资料的翻译和重印》，宾夕法尼亚大学历史系出版。参见《选粹》，第78页。

126.宗教生活

宗教信仰的衰落已经持续了很长时间。奥古斯都运用了他所有的权力来阻止这一进程。他不仅在罗马，还在帝国的每一个地方恢复了已经坍塌的神庙和神祠，复兴了古代的祭祀，建立起新的神殿。那些未经授权的外来异教，尤其是那些源自东方、引进首都的，都遭到他的驱逐。他还努力唤醒人们对罗马祖先神明的一种新的敬意。

然而，希腊的阿波罗却不在遭禁的外来神明名单上。为了纪念这个伟大的神明，因为奥古斯都相信该神明助他赢得了亚克兴战役的胜利，所以皇帝在罗马建立了一座金碧辉煌的神殿，让人们从埃及运回一座巨大的方尖碑——那是埃及神话体系中太阳神的象征，将其在首都中树立起来。

127.奥古斯都之死及其神化

公元14年，奥古斯都死了，时年76岁。他最后对聚集在床边的朋友说："倘若我在生活这部戏中很好地扮演了我的角色，请你们用掌声来回应我的离去。"根据元老院法令，他受到了神一样的崇拜，为了对他表示敬意而建立了神殿。

奥古斯都在世的时候，对他的膜拜已经发展起来，尤其在东方。这种恺撒崇拜的泛滥，对我们来说似乎有点奇怪和不够虔诚。但是，如果从古人的角度来看，就不是这样了。在东方，国王在某种程度上会普遍被视为是神圣的。因此，在埃及，法老们被认为是神族，那么，罗马东方的臣民把帝国的首领视为凌驾于凡人之上并具有神性品质的人便是很自然的了。这种思维导致东方行省里的人成为神殿里和"神圣恺撒"祭坛前真诚而热心的崇拜者。

膜拜从东方传到西方，成了所有地方大众最喜爱的崇拜形式。正如我们将会看到的，这种崇拜的建立有着深远的影响；自那以后，希腊-罗马世界的多神信仰就以这种形式表现出来，而在帝国的一个偏远角落，一种新的宗教正在兴起，帝国教会必定要与之发生激烈的冲突。

在奥古斯都昌明的统治时期，祥和的气象在整个文明世界内盛行起来——雅努斯神殿的大门已经关闭了（第17条）。基督出生在朱迪亚的伯利恒（Bethlehem of Judea），这个事情没有在罗马引起任何注意，然而，正如我们已经提到的，它无论对罗马帝国还是对世界而言，都充满了深刻的意义。至于基督教与异教的关系，尤其是同罗马帝国教会的关系，我们稍后会提及（第139条）。

共和国与帝国不同时期罗马公民人数表[①]

王政时代后期（蒙森的统计）	20000
公元前338年	165000[②]
公元前293年	262322
公元前251年	279797
公元前220年	270213
公元前204年	214000[③]
公元前164年	327022
公元前115年	394336
公元前70年	900000
公元前27年	4063000[④]
公元前8年	4233000
公元13年	4937000
公元47年（克劳狄乌斯治下）	6944000

① 这些数字包含着在罗马史上或许最为重要的事件，也就是说，逐渐承认外国人享有城市的所有权利，直到文明世界的每一个自由人都成为罗马公民。我们已经尝试在文中对该趋势进行追踪。尤其请翻阅第42、44、92、93、114、130和143条。

② 这些数字既不包括拉丁殖民地上的居民，也不包括同盟国内的居民。

③ 公元前220年之前的数字开始跌落，是汉尼拔战争导致的结果。

④ 这些数字和公元前8年到公元13年的统计都来自《安奇拉铭文》。公元前70年的人口普查数字多于公元前115年的，显示出同盟者战争（第93条）后，罗马对意大利人城市的承认。公元前70至公元前27年之间数字的巨大飞跃，不仅可以通过在这个阶段对外国人选举权的承认，或许还可以通过监察官在共和阶段未能在他们的统计中包含那些生活在远离首都的罗马公民而得到解释。然而，E.迈耶认为，公元前27年的人口普查包括整个罗马的公民人口（男人、女人和儿童），不过，共和时期的人口普查只提供17岁以上男性公民的人数。

第八章　从提比略到戴克里先即位

（14—284）

128.提比略的元首统治（14—37）

提比略（Tiberius）是奥古斯都的养子与继承人。他上台后的行动之一，便是剥夺了名义上仍然属于公民大会的年度行政官选举权，并将该权利授予元老院，然而，被选定的候选人需要由皇帝提名。这事实上意味着公民参与国家管理的制度的终结。

统治早期，尽管提比略的权力并不受约束，但他还是有所节制，表面上看，他希望增加庞大帝国内各个阶层的利益；甚至直到最后，他对各行省的统治都是公正而仁慈的。他的统治精神体现在给一位催促他增收贡税的总督的答复中：“好的牧羊人剪羊的毛，”他说，“而不是剥羊的皮。”[①]

但不幸的是，提比略具有阴郁、多疑和妒忌的天性。他与首都政治上和私人的敌人争斗时所遭遇的反对，让他很快开始实行高压暴政，这使他后半期的统治成为悲剧。[②]一部被称作《大法》（*Law of Majestas*）的古代法律被强制执行，它规定只要事关皇帝，所有不留心的言辞和不友好的想法都要被严惩。通风报信者会得到奖励，所以涌现出了一群被称为“告密者”的人，他们成为社会的间谍。许多人为了发泄私怨而诬陷他人；许多人，尤其是富有的阶层，被指控、处死，他们的财产则被没收。

提比略任命一个品质极为低劣、生活极为堕落的人塞扬努斯（Sejanus）为首

---

① 苏埃托尼乌斯，《提比略》，第32章。

② 爱德华·迈尔称提比略为“历史上最悲惨的人物”。他被塔西佗误导了。

席大臣和禁卫军统帅[①]，然后退隐到那不勒斯湾的卡普里岛（Capreae）上，把首都的一切事务都交给了这个人。塞扬努斯在罗马一度按照自己的意愿进行统治。他杀死了一些最优秀的公民，清除掉可能的皇位继承人，以便提比略能让他继承皇位。他甚至胆大包天到计划刺杀皇帝本人。然而，他的阴谋为提比略获知，这位臭名昭著的奸臣受到逮捕并被处死。在余下的时光里，提比略冷酷地统治着国家，对臣民的爱戴示以轻蔑的冷漠。“我不在乎人们是否恨我，”他说，“只要他们听我的就行。”

正是提比略统治期间，在罗马帝国的一个偏远行省，耶稣被钉在了十字架上。在一种无与伦比的传教精神激励下，他的信徒踏遍了帝国的每一寸土地，四处宣扬“福音”。人们对旧神祇的失望，影响日渐减弱的希腊文化，集权政府下文明世界的统一，被奴役阶层的普遍苦难和无法言说的疲惫——所有这一切都为新的教义提供了土壤。不到300年，一个基督教的帝国就已实至名归了。罗马的这种转变，这种开始于提比略时期的转变，是历史上最为重要的事件之一。一种新元素在此被引入了文明，这种元素将在接下来的几个世纪里赋予历史以色彩和性格。

129.盖乌斯·恺撒或卡利古拉（37—41）

提比略之后是盖乌斯·恺撒，又称卡利古拉（Caligula）。他的统治基本上就是一连串的罪恶。他头几个月非常勤政，但是在以善良和虔诚赢得民心之后，这位年轻的皇帝似乎失去了理智。他很快沦陷于放荡的生活。竞技场的残酷运动于他而言有种独特的魅力，他甚至亲自下场做角斗士。4年后，几个曾经被他肆意侮辱过的禁卫军，终结了他疯狂的生涯。

130.克劳狄乌斯的统治（41—54）

卡利古拉的继任者是他的叔叔克劳狄乌斯[②]，他是一个行为和情绪前后矛盾的怪人。他有时是个精明的政治家，有时则表现得傻里傻气，或者非常愚蠢。

他允许高卢贵族进入罗马元老院及担任行政官职，这是罗马宪政史上的一个里程碑。塔西佗（Tacitus）曾复述过这位皇帝在元老院对反对派们作的一次演讲。皇

① 这是由奥古斯都创建的一支精锐部队，本意是为皇帝提供贴身保护。它的编制为1万人左右，且在城门边沿城墙有永久的营地。很快，禁卫军就成了帝国一股强大的力量，能够左右皇帝的废立。

② 在卡利古拉被杀中，克劳狄乌斯被不可一世的禁卫军推举为皇帝。元老院对此无能为力，只能同意。

帝首先提到，他自己的祖先虽然是萨宾人，但是却被这个城市接受并成为贵族的一员。他认为先辈们的开明政策应在国家事务管理中得到继承。有才能的人，不管在哪里被发现，都应该被送到罗马。“我知道，”他接着说，“从伊特鲁里亚到卢卡尼亚乃至整个意大利，所有人都得以进入罗马元老院。最终，这座城市的范围扩展到了阿尔卑斯山，所有帝国行省和部落都被冠以罗马的名字。对我们来讲，难道巴尔比人从西班牙来到这里，像罗马人一样优秀的人们从纳尔榜南西斯高卢迁来是一种遗憾吗？这些移民的后代仍然和我们居住在一起，他们对祖国的忠诚和奉献并不输于我们。除此之外，我们知道导致曾经盛极一时的斯巴达（Sparta）和雅典灭亡的原因，就在于它们把被征服的人当作外国人，并将他们拒之（城）门外。”①克劳狄乌斯提倡的这些宽容政策，至少在一部分高卢贵族的身上得以实现，他们被准许进入罗马元老院。

克劳狄乌斯的继任者大都沿袭了他的政策。他们不仅允许外国人进入元老院，而且还给予意大利以外的行省与罗马同样的权利。这种开明政策的影响证明了其合理性，那些行省为罗马贡献了几位最为杰出的皇帝。图拉真（Trajan）、哈德良（Hadrian）及马库斯·奥勒留（Marcus Aurelius）都具有西班牙血统，而安敦尼·庇护（Antoninus Pius）则是高卢人的后代。②

在军事领域，克劳狄乌斯的突出功绩便是征服了不列颠。尤利乌斯·恺撒入侵不列颠岛已是一个世纪以前的事情了。克劳狄乌斯任用两位将军普劳提乌斯（Plautius）和韦帕芗（Vespasian）征服了不列颠岛的南部，把它变成了罗马的一个行省，并命其名为不列颠尼亚。许多城镇不久便涌现出来，成为罗马重要的商贸和文化中心；有一些最终成为现代英国大城市的雏形。

克劳狄乌斯的统治还以一些以实用性为特点的建筑作为象征。比如令人惊叹的克劳狄亚水道，就是他在位期间完成的，这一工程从45千米外为罗马引来了水。

克劳狄乌斯一生都受制于爱耍阴谋的宠臣和不值得尊重的妻子们。他的第四个妻子便是“邪恶的阿格里皮娜（Agrippina）”，她用一盘毒蘑菇毒死了克劳狄乌斯，好让自己的儿子年仅16岁的尼禄（Nero）即位。

---

① 塔西佗，《编年史》，第11章，第23页。请把克劳狄乌斯这些充满感情的句子和提图斯·曼利乌斯的比较一下（第44条）。

② 参见F. R.艾博特，《罗马政治制度》（1901），第309页。

131.尼禄的统治（54—68）

尼禄是幸运的，伟大的哲学家和道德家塞涅卡（Seneca）是他的老师（第190条）；但有这样的学生却使塞涅卡成为世界上最不幸的老师。在塞涅卡和禁卫军统帅浦路斯（Burrhus）的影响下，即位后的前5年，尼禄公正而谨慎地治理着他的国家；然后他渐渐地与塞涅卡的教导背道而驰，走上了一条充满了令人难以置信的穷凶极恶的道路。

在他统治的第10个年头（64），一场大火把半个罗马城烧成灰烬。整整6个昼夜，火海掠过谷地，掠过这个城市坐落的群山。据传是尼禄自己下令放的火，为了清理地面，好让他重建一座更加宏伟的城市。据说，他站在宫殿的最高处，欣赏着大火，心情愉快地哼唱着一首自己写的诗，名叫"洗劫特洛伊"（Sack of Troy）。为了转移人们的注意力，尼禄指控是基督徒阴谋烧毁城市，以实现他们的预言。而当时新宗教的教义宣扬基督的复活以及世界毁于大火，这似乎给指控涂上了可信的色彩。随之而来的迫害是教会有史记载以来最残酷的。许多受害人的尸体被撒上沥青，作为皇宫花园里的火把在夜间焚烧。传说保留了这次受迫害的牺牲者的名字：使徒彼得和保罗。

皇帝穷奢极欲，钱总是不够挥霍，谋杀和罚没别人财产就成为他敛钱的手段。连他的老师塞涅卡也成为受害者。塞涅卡极其富有，尼禄指控他叛国，将他杀害，并没收其财产。最终，元老院宣布尼禄为全国公敌，判处他被鞭打至死。为了免于这一刑罚，尼禄在一位仆人的帮助下自行了断。

132.加尔巴（Galba）、奥托（Otho）和维特里乌斯（Vitellius）（68—69）

这三个名字通常联系在一起，因为他们的统治都短暂且没有波澜。随着尼禄的死亡，朱里亚·克劳狄一脉断绝，对于由谁来继承皇位，人们一直争议不断，各个军团都推举自己的首领。三位君主在血腥的皇权争夺战中先后被杀。最后一位——维特里乌斯——则直接被韦帕芗（Vespasian）的士兵从御座上扔了下来。老将韦帕芗是受人尊敬的巴勒斯坦军团的首领，当时正率军与犹太人打仗。

133.韦帕芗（69—79）

弗拉维·韦帕芗的即位标志着一个新王朝的开始，从他到接下来的三位君主的统治，被称为弗拉维时代（Flavian Age）（69—96）。韦帕芗的统治中最令人难忘的事件就是耶路撒冷的陷落与毁灭。经历了有史记载的最混乱的围城之后，耶路撒

韦帕芗

朱迪亚卡普他硬币（韦帕芗时代的钱币）

冷被韦帕芗的儿子提图斯（Titus）攻陷。因为正值逾越节，大量的犹太人在此之前进入了这座城市，也死于这场战争。与尼布甲尼撒（Nebuchadnezzar）一样，提图斯洗劫了神殿中的圣器并把它们当作战利品带走了。今天，我们在罗马提图斯的凯旋门上依旧可以找到七分枝黄金烛台的雕刻，那是战争的纪念。

提图斯凯旋门上的凯旋式

图中展示了七分枝的烛台和其他来自耶路撒冷神殿的战利品。

10年的繁荣过后，公元79年，韦帕芗去世，他是奥古斯都后第一位得以善终的皇帝。

134.提图斯（79—81）

经过短短两年的执政，提图斯就赢得了“人类的朋友和快乐”的称号。他不知疲倦地行善。若有一日没有做善事，他就会责怪自己“我白白浪费了一天”。

提图斯完成了他父亲韦帕芗开始建造的弗拉维圆形竞技场，并让它变得更加壮观。这座巨大的建筑能容纳4万[①]观众，人们更多时候称它为罗马圆形大剧场——一方面因为它的体积，另一方面因为它的附近刚好有一尊巨大的尼禄雕像。

提图斯的统治尽管短暂，却有两次大的灾难。第一次是罗马大火，几乎与尼禄时代的大火（Great Fire）一样严重。第二次是维苏威火山爆发，毁掉了庞贝和赫库兰尼姆（Herculaneum）城。城市被埋葬在火山灰和岩浆中。伟大的博物学家老普林尼（Pliny the Elder）冒险进山去查探，结果一去不返。[②]

庞贝城的一条街道

① 以前估计为8万，现在看来是夸张了。

② 19世纪大规模的考古，挖掘出了庞贝城的大部分，展现了这座古老城市的街道、房子、剧院、澡堂、商店、神殿及各种纪念碑——形象地向我们展示了一幅1800年前罗马帝国时代的画卷。

庞贝城维蒂之家

135.图密善（Domitian）（81—96）

提图斯之后是他的弟弟图密善。在施行了几年值得称赞的统治之后，图密善变成了残忍的暴君。但是，在他治下，北方边境发生了利益攸关的重大事件。在不列颠，能征善战的将军阿格里科拉（Agricola）——史学家塔西佗的岳父，打败了好战的部落们，把帝国的边境线推进到了今天的苏格兰。为了防止古苏格兰人（即今天苏格兰高地人的祖先）的侵袭，他随即修建了从福思的弗里斯（Frith of Forth）绵延到克莱德的弗里斯（Frith of Clyde）的要塞。有了这层保护，罗马文明在新建的行省内得以迅速发展。

图拉真

帝国这一时期所有的肖像，无论是钱币上还是雕像上的，都是完全真实的，与真人相似度很高。在大英博物馆，参观者可以看到，这些古人的五官特征被真实地表现了出来，就像国家肖像馆中的英国政客们那样。

——富勒（Fowler）

在这位皇帝的统治下，发生了教会史上“第二次对基督徒的迫害”，基督徒因为拒绝在图密善的塑像前焚香而招致他特别的仇恨。据史料记载，皇帝的侄女多米提拉（Domitilla）就是这次迫害的受害者。这很重要，因为它显示新的信仰在社会上层，甚至是皇室中有了追随者。

图密善在其宫殿里被自己的家人所谋杀，元老院下令将他声名狼藉的名字从公共纪念碑上抹除，并不得载入罗马的国家史册。

136.五贤帝；涅尔瓦（Nerva）的统治（96—98）

图密善之后，元老院在帝国事务上恢复了一些以前的影响，它选举了五位皇帝——涅尔瓦、图拉真、哈德良和两位安敦尼。这些英明仁慈的统治者被称为“五贤帝”，在他们的统治下，元首与元老院的共治几乎成为事实。这一时期标志着古代文明发展的高峰。

图拉真修建的多瑙河大桥

涅尔瓦是位年长的元老和前执政官，他的统治如慈父一般。然而，他却在统治16个月后就去世了，权杖则被传到了他曾经的副手、更有能力的统帅图拉真手里。

137.图拉真（98—117）

图拉真出生于西班牙，既是职业军人，又是位天才的军事家。他是第一个坐上恺撒宝座的外省人。从这一刻开始，外省人开始在国家事务中发挥着日益重要的作用。从奥古斯都开始到他大多数的继任者，罗马帝国都是以欧洲的多瑙河和亚洲的幼发拉底河为边界的。但是，图拉真却决心把疆土扩展到这些河流以外的地方。统治早期，他忙于与盘踞多瑙河下游的达契亚人（Dacians）的战争。最后，麻烦的敌人被解决掉了，达契亚（Dacia）成为帝国的一个行省。达契亚现在被称为罗马尼亚，就是为了纪念罗马人的征服和殖民跨越了多瑙河的。今天的罗马尼亚语中有很多元素都来自拉丁语。[①]

图拉真圆柱

一幅雕刻的达契亚战争画卷，关于这次战争的文字记载十分匮乏。

——蒙森

为纪念他的丰功伟绩，皇帝在图拉真广场上用大理石建了宏伟壮观的图拉真圆柱。1800年后的今天，这根高大的柱子依然保存得十分完好。它高147英尺，底部

① 罗马尼亚及邻近地区说罗曼语的人大概有1000万。看起来，中世纪有大量说拉丁语的移民从多瑙河南部来到这一地区。

是圆的，螺旋向上，上面雕刻着2500多个人物。该浮雕是最好的，也是我们今天唯一能找到的关于达契亚战争的记录。

在统治后期（114—116），图拉真挥师东进，跨过幼发拉底河，攻陷了亚美尼亚，从帕提亚人（Parthians）手里夺取了构成古代亚述帝国核心地带的大部分地区。从这些征服的领土中，图拉真以它们古代的名字亚美尼亚、美索不达米亚、亚述建立了三个行省。阿拉伯佩特拉（Arabia Petrsea）则是他在这些偏远地区建立的另一个行省[①]，包括了圣经中以东的土地和它著名的首都佩特拉。

图拉真把帝国的疆界扩展到了罗马的野心和实力所能允许的最大限度。

关于这一时期基督教的迅速传播，当时信徒们的特征，以及罗马帝国对待他们的方式，我们能从小普林尼（Pliny the Younger）（第190条）就小亚细亚本都地区基督教徒一事写给皇帝的信中找到重要资料。小普林尼是这一行省的总督，他认为新的教义是“迷信的瘟疫，不仅控制了城市，还传到了小一些的城镇和乡村”。但是，他却发现皈依新宗教的人并没有犯罪。这是不能容忍的，于是便下令以“冥顽不灵”罪处死了很多人。

图拉真死于公元117年。他的元首统治时期是奥古斯都以来罗马人民最幸福的时期。

138.哈德良（117—138）

哈德良是图拉真的宗亲，继承了他的帝位。哈德良雄才大略，为人沉稳，在处理国家事务中展示了良好的判断力。他谨慎地放弃了幼发拉底河以东由图拉真获得的领土，让这条河流再一次成为帝国的东部边界。

哈德良耗时15余年，巡视了帝国的各个行省。他来到不列颠，建了一座长城用来防御皮克特人（Picts）和苏格兰人，以便巩固罗马的统治。该长城长约70英里，从泰恩河（Tyne）到索尔威湾（Solway Firth），横穿不列颠岛。它的位置比当年阿格里科拉（第135条）的堡垒要靠南一些。在今天英国低矮的山丘上和大沼泽内还

---

① 罗马的阿拉伯佩特拉行省大概对应《旧约》中的以东和摩押，佩特拉（或称塞拉，有岩石之意）是前者的一个据点和首都。它的遗址坐落在以东荒凉山区内一座巨大的天然圆形竞技场内。这一地区的重要性主要源于它掌控着几条重要的东西方商业要道。它是古希腊时代的重要城市，公元1、2世纪，在罗马统治下繁荣发展。围绕着这座城市的悬崖上有许多古罗马商人和军官的石窟墓（古希腊罗马风格的）。

能找到哈德良长城的遗迹，有些地方保存完好，古代的观测站和岗哨则破败了。[①]再没有哪个罗马曾经的行省能有这样令人叹为观止的建筑来证明她那广阔的疆域了，300年来，帝国的哨兵站在墙头观察着野蛮的苏格兰侵略者，保卫着文明。

哈德良长城

在欧洲大陆，莱茵河与多瑙河的上游，哈德良同样通过两河之间的栅栏和一系列要塞来巩固边境。

巡视完不列颠后，哈德良回到高卢，视察了所有其他的帝国行省。他为许多城市修建了神殿、剧院以及其他建筑。在雅典，他在艺术装饰上花费巨大，几乎让这座城市重现伯利克里时代的辉煌。[②]

公元132年，巴勒斯坦的犹太人爆发了激烈的反抗，这个民族刚刚从提图斯的打击（第133条）中恢复过来。罗马人在耶路撒冷的废墟上耕种，并把朱庇特的神像放在圣殿里，这让他们无法忍受。50多万犹太人在绝望的斗争中死去，活下来的人都遭到驱逐——这个民族历史上最后一次被驱逐（135）。

---

① 关于城墙，最好的作品是由J. C.布鲁斯撰写的《罗马城墙》（伦敦，1851），《罗马城墙手册》由同一个作者撰写，是前者的缩减版。从泰恩河畔的纽卡斯尔和卡莱尔之间的霍特惠斯尔火车站，你便能轻易看到保存最好的一段城墙。旅行的学生不应该错过这些罗马占领英国时的纪念性建筑。

② 除了新建筑，他还完成了由僭主庇西斯特拉图始建的奥林匹亚宙斯神殿。

哈德良

所有哈德良以前罗马肖像的脸部都刮得很干净。哈德良首先开始蓄须，而后就成为一种风尚，这从后期的肖像中看得出来。

统治后期，哈德良在罗马度过。在这里，这位慷慨的建设者完成了他最杰出的建筑。其中，包括用来祭祀女神维纳斯（Venus）和罗玛（Roma）的神殿，还有台伯河畔留给自己的巨大陵墓［今天的圣安吉洛堡（St. Angelo）］。

139.两位安敦尼（138—180）

奥勒留·安敦尼（Aurelius Antoninus）（“庇护”为姓氏）是哈德良的养子、继承人，他仁慈地统治着罗马。在他长达23年的统治中，帝国一直处于和平状态。没有什么重大事件引起史学家的注意，这很好地诠释了那句经常被提及的名言：“历史记载简洁的人们最幸福。”

在他统治的早期，安敦尼便与他的养子马可·奥勒留（Marcus Aurelius）联合执政，在他死后（161），后者悄然继承了他的位置。奥勒留勤奋好学的习惯为自己赢得了“哲学家”的称号。他属于斯多葛学派（School of the Stoics），是一位有思想的作家。他的《沉思录》（*Meditations*）表达了奉献、仁慈等最温柔的情感，是所有古代非基督徒作家中最接近基督精神的。他为流浪儿建立收容所，当他发现全国的穷人都窘于交税且负债累累时，还直接把所有债券堆到广场上加以焚毁。

围城

奥勒留的爱好与同情心本来很可能让他在首都过着归隐与研究的生活，但是，帕提亚人的敌对动作，特别是多瑙河、莱茵河沿线的野蛮人的进攻，让他在统治后期不得不离开书本，待在军营里。撕毁和约的帕提亚人最终被严惩，美索不达米亚的一部分又重归罗马的怀抱（165）。

这场战争带来了一系列的灾难。归来的士兵带回了亚洲的瘟疫，疾病很快席卷全国，尤其是意大利，几乎十室九空。帝国从此没有真正地从这场瘟疫中恢复过来。在痛苦和恐慌中，迷信的人们相信是基督教惹怒了众神，给帝国带来了灾难。奥勒留批准了一场对基督教徒的残酷迫害。著名的罗马殉道者游斯丁（Justin Martyr）和士麦拿（Smyrna）年迈的坡旅甲（Polycarp）便死于这场迫害。

需要注意的是，对基督徒的迫害是出于政治和社会原因，而不是出于宗教动机，这就是为什么在迫害者的名单上既有好皇帝也有坏皇帝。国家利益总是与它的宗教与信仰崇拜联系在一起，所以，即使罗马的统治者通常比较包容，允许臣民用不同的方式来崇拜，但他们依旧要求人们承认罗马诸神，要在神像前，尤其是皇帝像前焚香（第127条）；而基督徒则坚决拒绝这样做。人们相信是他们对神殿的不敬惹怒了众神，危及国家安全，招致了干旱、鼠疫，以及所有的灾难。这是异教徒皇帝迫害他们的重要原因。

然而，当北部边境传来紧急求援的消息时，无论是鼠疫还是压迫都被忘掉了。野蛮人在进攻罗马的前哨，并且还以大军压境。一个叫马科曼尼（Marcomanni）的部落甚至跨过了阿尔卑斯山，围攻意大利的门户阿奎莱亚（Aquileia）城。自从辛布里人和条顿人（第90条）被击退后，意大利任何一个城市的居民就没有在自家门口见过野蛮人。除了对瘟疫恐惧外，现在又加上了外族入侵。奥勒留身先士卒，匆匆翻过阿尔卑斯山，他制止了蛮族的侵袭，却无法制服他们。鼠疫的肆虐已经使帝国疲惫不堪，国库耗尽。最终，奥勒留虚弱的身体倒在了繁重的国事下，在他执政的第19个年头（180）死在了文多波纳（Vindobona）（今天的维也纳）的军营里。

阿拉伯佩特拉行省的佩特拉石窟洞口外观

元老院与人民同声盛赞他为神祇，在他的雕像前举行了神圣的崇拜仪式。从没有哪一个君主如安敦尼·庇护和马可·奥勒留一样英明。基于他们的美德，梅里维尔公正地评价道：“这些杰出君主无可指摘的统治，为后世的君主制提供了最好的理由。”

140.行省的状况

在伟大的安敦尼时代接近尾声时，我们来看一下帝国人口的大致状况。就像我们已经知道的，帝国崛起的伟大革命是符合地方各行省利益的（第122条）。就算是在最糟糕的皇帝治下，各行省的管理事务也是谨慎的、人性化的、公正的。或许，在罗马帝国内各个地区，基督之后的第2个世纪是教会史上基督徒最幸福的时代。当然，我们没有比较的基础，但是可以对比一下东方诸国在罗马早期诸帝时的状况和今天在伊斯兰统治者治下的状况。蒙森谈及小亚细亚时说："1500年的荒芜把我们和那个时代隔绝开来，当你环视这个国家的每个角落，最大的感觉就是震惊，或者说是耻辱，它今天凄惨的样子和罗马时代的幸福与辉煌差距多大啊。"①

位于法国尼姆附近、可追溯至帝国早期的罗马引水渠和大桥

这是古罗马建筑现存的最精美、令人印象最为深刻的纪念碑之一。下面一排拱门承载着一条现代化的道路。

东方诸国的城镇，还有西班牙、高卢、不列颠及其他西方各地的成百上千个相似的地区，都享受着罗马人发明的一种优良的市政体制，这是类似于今天欧洲一些发达国家的自治市一样的自我管理制度。这种高明的体制保存或发展了地方情感和公民的自豪感。各城市之间互相较劲，争相修建更好的剧院、露天剧场、澡堂、神殿、凯旋门，还有沟渠、桥梁等实用的建筑。这些不仅得到了皇帝国库的大力扶持，还得到了公民个人的慷慨解囊。私人馈赠是这一时代的显著特征，就像今

① 《罗马帝国的行省》（1887），第1卷，第384页。

天个人对教育和慈善机构的捐献一样。其中的典型就是雅典公民赫罗狄斯·阿提库斯（Atticus Herodes，约104—180），他是那个时代的安德鲁·卡内基（Andrew Carnegie）。他真诚并慷慨地出资为雅典修建了一座宏伟壮观的大理石体育场，足能容纳全城的人口。他给小亚细亚的特洛阿德（Troas）城居民捐赠了相当于今天50万美元的金钱修建一条引水渠。

无数宏伟的建筑遗迹如今散落在曾经的罗马帝国各行省的大地上，这些遗址不仅代表了当时人口的稠密、文化的繁荣以及城市的兴盛，也佐证了帝国早期开明仁慈的统治和休养生息的政策。

141.“军营皇帝”

马可·奥勒留的儿子康茂德（Commodus）是一个品质低劣的继承人，与他父亲有天壤之别。他与尼禄一样臭名昭著。他的罪恶与放荡的生活让帝国陷入了低谷。他之后的100年间（192—284），帝国的皇帝都由军队拥立，因此这一时期的统治者也被称为“军营皇帝”。25位登上帝位的皇帝有21位死于暴力谋杀，这很好地说明了这个时代的特点。除了内部的混乱，国家还面临着蛮族的入侵。野蛮的游牧民族从四面进攻帝国，大肆烧杀劫掠。

被描绘成大力士赫拉克勒斯的康茂德

142.帝国的拍卖（193）

混乱时代由禁卫军的一系列丑闻开始。这些士兵杀死了康茂德的继承人，昭告天下说，要拍卖这个国家，价高者得。他们真的这样做了。一个叫狄第乌斯·尤利安努斯（Didius Julianus）的富有元老许诺给禁卫军的12000名士兵每人25000塞斯特斯的铜币，所以这时的帝国就值3亿塞斯特斯（大约1200万美元）。

关于这桩可耻交易的消息一传到边境军团，立刻引起了愤怒的反抗。每个军队都提议并拥护自己的指挥官为皇帝。多瑙河军团拥护的人是塞普蒂米乌斯·塞维鲁（Septimius Severus），这位精力无穷、极富人格魅力的人知道帝位不乏竞争者，动作快才是关键。他马上带领军队开始行动，迅速占领了罗马。禁卫军根本不是这些训练有素的边境军团的对手，他们甚至没有试着保护自己的皇帝。于是，皇帝遭囚禁，只统治65天就被处死了。作为惩罚，使国家蒙羞的禁卫军团被解散并遭到驱逐，一支新的5万人的军队取代了他们的位置。

143.卡拉卡拉（211—217）

贤明的君王塞维鲁（Severus）死于不列颠，把帝国留给了他的两个儿子，卡拉卡拉（Caracalla）和盖塔（Geta）。卡拉卡拉谋杀了他的兄弟并让当时著名的法学家帕比尼安（Papinian）公开为他的谋杀辩护。帕皮尼安拒绝了，说“这比让我犯这样的罪行还难”，这位伟大的法学家因此被处死了。由于懊悔与恐惧，卡拉卡拉逃离了首都，在各个行省内游荡，并犯下了许多令人难以置信的邪恶罪行。6年后，这个怪胎终于在亚洲被杀死了。

卡拉卡拉

卡拉卡拉唯一重要的政治行为是给予帝国内所有的自由民以公民权利；他这样做不是给予他们公平，而是方便他向所有人征收只有罗马公民才交的一种税。卡拉卡拉之前，只有外省的特殊阶层，或者受帝王青睐的一些城市或省份的居民才时不时被赐予罗马公民的权利。但是，卡拉卡拉的大规模授予行为，让整个帝国的自由人口全部成了罗马公民，至少在名义上如此。在罗马历史开始时，我们看到的让整个世界都变成罗马的尝试到此彻底完成（第5条）。[①]“罗马是整个世界，整个世界就是罗马。”

144.三十暴君时代（251—268）

卡拉卡拉之后一代人的时间，皇帝更迭频繁，帝国的权杖从一个皇帝手中传到另一个手中。然后是所谓的三十暴君时代（Age of the Thirty Tyrants），皇帝软弱，觊觎皇帝宝座的人四面涌现，不断作乱。野蛮人压境，入侵各个省份。[②]帝国处在四分五裂的边缘。[③]幸亏有一连五位贤明的君主——克劳狄（二世）、奥勒良（Aurelian）、塔西佗、普罗布斯（Probus）和卡鲁斯（Carus）（268—284）——才暂时恢复了帝国古代的疆域，勉强维持住统一的局面。[④]但是，无政府的混乱给帝国带来了长期伤害，造成大片地区人口减少，土地荒芜，工商业停滞不前。

混乱时期，诸行省中最著名的篡权者是季诺碧亚（Zenobia），叙利亚沙漠名城巴尔米拉（Palmyra）的统治者。她大胆地给自己冠以东方女王的头衔，向罗马发出挑衅。奥勒良挥师征讨，在旷野中击溃她的军队，把他们赶进了巴尔米拉城内。漫长的围攻后，城市沦陷，作为对这个城市二次反抗的惩罚，罗马人把它付之一炬。[⑤]

---

① 当然，卡拉卡拉的法令只不过是确认了一个既成事实。可能的是，此时的帝国自由民已经享有罗马公民权了。

② 帕提亚人威胁帝国东部，法兰克人跨过莱茵河入侵高卢，哥特人渡过多瑙河，不断骚扰梅西亚、色雷斯和马其顿，他们的舰队从黑海袭击小亚细亚沿岸，雅典、科林斯湾以及希腊的许多其他城市都被洗劫。

③ 正是这一时期，皇帝瓦莱里安（253—260）东征波斯，在美索不达米亚的埃德萨大败，并沦为波斯国王沙普尔的阶下囚。现在波斯的城市设拉子还有一块纪念沙普尔胜利的石碑。

④ 在奥勒良统治时期，阿勒曼尼人进攻了意大利，威胁罗马。赶走他们之后，皇帝为了保障首都的安全，新建了比以往都高的城墙（第22条）。这座城墙由普罗布斯最后完成，大概有12英里长。

⑤ 季诺碧亚作为俘虏被带往罗马。她被金锁链锁着参加奥勒良的凯旋式，之后，罗马人给了她提布尔郊区的一座漂亮别墅，在那里她在孩子们的陪伴下过完了多姿多彩的一生。

沙普尔打败瓦莱里安[①]

巴尔米拉遗址是古希腊-罗马文明的东方遗迹中最有趣的。千百年来，文明世界甚至不知道这座城市的具体位置。然而，贝都因人（Bedouins）却知道，而且还有许多关于一座被毁灭的城市的传说，那城市在遥远的叙利亚沙漠里，有着瑰丽的神殿和长长的石廊柱。他们的描述引起了人们的兴趣，17世纪末，一些探险家来到这个地方，他们带回了一张久已消失的古城遗址的草图，该发现引起的轰动堪比后来博塔（Botta）和莱亚德（Layard）在尼尼微城（Nineveh）的发现。

① 参见第144条，第3个脚注。

第二部分　君主专制时代

第九章　戴克里先与君士坦丁大帝的统治

第一节　戴克里先的统治

（284—305）

145.总论

戴克里先即位标志着罗马历史上一个重要时代的开始。他统治期间有两件重要的事情，一是对政府的改革，一是对基督教的迫害。

戴克里先对政府的改革虽然激进，却是有益的，为垂死的帝国注入了新的活力，让它续了近200年的寿命。

146.帝国变成了赤裸裸的东方君主制

一直到我们现在讨论的这个时代，政府的君主专制本质还或多或少地隐藏在古共和国的面纱下。从前，奥古斯都用共和的表象来对不受限制的权力进行伪装，他的继任者也不得不继续这样做。但是现在，罗马的共和政府已经不复存在，形式上的残余也毫无意义。戴克里先抛开了所有的面具，赤裸裸地表明政府的本质——一个绝对的、亚洲式的君主专制体系。吉本（Gibbon）在比较奥古斯都和戴克里先时说："一个的目的是掩饰皇帝对罗马世界的绝对权威，另一个则是展示。"

改变的标志是戴克里先采用了亚洲皇室的头衔和东方的宫廷礼仪，使用了"主人"（lord）的名号——拉丁语是"多米努斯"（dominns），所以这一时期的君主专制也被称为"多米那特（Dominate）"——"统治"之意。他身穿华丽的织金丝质长袍。所有觐见他的人，无论身份高低，都必须匍匐在地，这种东方式的奴性崇拜为西方的自由民族所不齿，他们一直拒绝使用这样的礼节。

帝国的宫殿也有了鲜明的东方特色，充满了浮华与奢侈。宫廷内满是各种奴仆和各阶层的军官。皇帝周身都是"东方君主的排场"。

当然，君主专制的到来意味着对公民权利的最后一击。城市和自治区公民仅存的一点自由也荡然无存。新政府下根本谈不上真正的独立和自治。意大利现在和外面的行省一样，处于被奴役状态，交一样的税，接受一样的统治。

147.行政制度的改变

戴克里先之前，罗马有一个世纪处于无政府的混乱状态，25个皇帝中有10个死于刺杀①，新政府需要一个能减少刺杀和保证皇位有序继承的制度。戴克里先的体系对这两个问题做了规范。首先，他选择了马克西米安（Maximian）作为共治者，都称为"奥古斯都"。然后，两人分别又指定一位副手，称为"恺撒"，恺撒被认为是皇帝的继子和继承人。这样，帝国就有两位奥古斯都和两位恺撒。意大利的米兰是马克西米安的都城，而小亚细亚的尼科米底亚（Nicomedia）则为戴克里先的驻地。奥古斯都们管理各自都城邻近的地区，更年轻更有活力的恺撒——伽列里乌斯（Galerius）和君士坦提乌斯（Constantius）——则管理偏远混乱的省份。这样确保地域广阔的帝国每个角落都处于有力的管理之下。

戴克里先把各行省进一步细分②。他的目的是削减行省总督的权力，令他们没有反叛的能力。

为了使王权更加巩固，戴克里先实行军政分开，在各个地方指定两套人马，分别管理行政与军队。

---

① 这数字不包括三十暴君，他们中的很多都死于暴力。

② 他把行省的数量从57个提高到了96个。他的继任者君士坦丁又增加到116个。行省又归教区管辖，教区又归帝国的四个辖区管辖，辖区可能是由君士坦丁创设。

在新制度下，元老院被完全架空，成了只能管理罗马城市事务的地方机构。

这一制度的最严重缺点是，维持四个皇庭中无数官员和侍从的开支非常巨大，因为复杂的体系需要大量的官员和人员为之工作。人们抱怨在政府吃饭的人比交税的人还多。税收负担逐渐变得不能忍受。一些地方农牧业荒废，大量农牧民沦为乞丐或劫匪。地方元老院的元老成为对本地区税收工作负责的人，以致当官不再是人人羡慕的荣耀，而成了避之不及的烫手山芋。猛于虎的苛捐杂税正是造成帝国人口减少、贫困和最终衰弱的主要原因。

148.等级制度的发展

为了逃避苛捐杂税，农民逃往沙漠，去做修士，还有的偷渡边境，去野蛮人那里寻求自由。富人也想方设法逃税逃官。为了应付这种局面，政府采取了把所有人都束缚在自己职业上面的政策，按照职位和职业收税。地方元老院的成员没有准许不得离开城市，佃农[①]或农民与土地捆绑在一起，实际上成为农奴，工匠要一直从事自己的手工业，商人要一直经商。而且，在尽可能的情况下，所有的行业都是世袭的，子嗣必须承袭父辈的职业[②]。每个人的一生在他出生的那一刻就被决定了，官员的儿子还是官员，农民的儿子注定要种一辈子的地，士兵的儿子则要从军，所有的职业都如此。阶级从此变成了世系的等级，个人自由就此消失。

149.宫廷

如果要用一句话来描述戴克里先及其后继者的改革对罗马和国家领袖关系的影响，那就是帝国现在成了君主的私人庄园，君主就像大庄园主管理自己庄园一样治理自己的国家。皇庭和整个政府行政体系不过是更大规模的庄园主的家庭事务，它深受东方宫廷的影响，带着浓郁的东方特色。

这种宫廷或体制，是古罗马留给后来欧洲诸国的最重要历史遗产之一，仅次于罗马法和市政体系。它是查理大帝以及后来所谓的神圣罗马帝国宫廷的模型，所有的近代的欧洲王室都对它进行了形式上的保留。

---

① 佃农（种地的人）本是自由民，他们耕种帝国的或大地主的土地，给付一定的租金或实物。到公元3世纪，他们中的许多人由于债务或者其他原因沦为半奴隶状态，被拴在他们耕种的土地上。这种地位由于文中提及的原因成为合法的阶级地位。这就是中世纪农奴制度的开端。（第201条）

② 这种社会转变在戴克里先之前就已经开始了。为了加强帝国对产业的控制，行业协会已经变成了职业世袭的制度。

150.对基督教的迫害

在统治的后期，戴克里先开始了对基督徒的迫害，并一直持续到他退位之后很久。这一次对基督徒的迫害是异教皇帝发起的最后一次，也是最严重的一次。基督徒被投进地牢，被扔进斗兽场与野兽搏斗，或是被各种残酷的刑罚折磨致死。但是，什么都动摇不了他们。他们追求死亡，因为他们相信，这样的死亡会立即带他们进入永恒的幸福。

基督牧羊

正是第2、3世纪中对教会的种种迫害，使得许多基督徒不得不在地下墓穴中寻求庇护。在罗马这些巨大的地下长廊和房间里，他们埋葬死者，在墙上画上象征着他们的希望和信仰的粗犷符号。于是，在黑暗的地下洞穴里出现了基督教艺术的开端。

151.戴克里先退位

在20年的统治之后，戴克里先厌倦了烦琐的国事，宣布退位，并强迫，或劝诱他的同事马克西米安也在同一天放下了手中的权力。伽列里乌斯和君士坦提乌斯晋位为奥古斯都，他们的副手成为恺撒。

戴克里先退隐到亚得里亚海东岸的索罗那（Salona），据说，马克西米安曾写信给他，敦促他与自己一起拿回放弃的权力，他回复道：“如果你到索罗那看到我家花园里我亲手种的卷心菜，就不会再和我说帝国的事情了。”

第二节　君士坦丁大帝的统治

（306–337）

152.米尔维安桥战役（312）；“这是征服的标志”

戴克里先和马克西米安退位后，伽列里乌斯和君士坦提乌斯成为奥古斯都，然而他们的共治只维持了一年，君士坦提乌斯就死在了不列颠的约克（York）。他的士兵不顾戴克里先规定的继承顺序，拥立他的儿子君士坦丁（Constantine）为皇帝。在不同的地区有六个人争夺帝位，君士坦丁通过18年的征战才获得了最高的权力。

拉伯兰旗

帝位争夺战中最著名的战役发生在离罗马2000米的米尔维安桥（Milvian Bridge），君士坦丁击败了统治意大利和非洲的马克森提乌斯（Maxentius）。在这一战中，君士坦丁的军旗是基督十字。有一次，他向太阳神祷告时，日落的天边突然出现了一个十字，上写着“这是征服的标志”①。君士坦丁顺应天象，立即用十字做了他旗帜的标志②，正是在这一旗帜下，他的士兵在米尔维安桥战役中取得了胜利。

不管君士坦丁用十字做军旗的背景和动机是什么，他的这一行为成为了基督教会史上的转折点。基督教刚出现时，是一个和平而善意的宗教。基督教导它的信徒要放下屠刀。两个多世纪以来，大多数信徒都遵从这一主张，贵格派（Quaker）的、去军事化的精神一直都是这一时期的特点。一些基督教早期教父认为，军人这种职业是与基督生活不相容的。但是，米尔维安桥战役的胜利却给教会带来了改变。它越来越多地参与到

① 拉丁语 *In hoc signo vince*。

② 新军旗名为拉伯兰旗“Labarum”（源自凯尔特语中的*lavar*，命令的意思），旗帜上写着希腊字母XP，第一个字母是十字架的标志，两个字母组合在一起是基督，因为它是希腊文 XPIΣTOΣ（基督）的首字母。

世俗权力中去，变得好斗起来。那神奇的空中十字架的故事和君士坦丁大帝对基督教的拥护所产生的最重要后果就是罗马军事精神融入了教会。

罗马的君士坦丁凯旋门

由罗马元老院所建，以纪念君士坦丁在米尔维安桥对马克森提乌斯的胜利。

153.君士坦丁让基督教变成了国家的宗教

君士坦丁于公元313年，即米尔维安桥战役的第二年，在米兰颁布了一条命令，承认基督教与帝国的其他宗教具有同等的地位。这一著名的宗教宽容敕令，又被称为“教会大宪章”，它规定：“我们给予基督徒及其他人选择宗教的完全自由。”“历史上第一次，普遍的宗教宽容政策被正式确认。”①

然而，通过接下来的几个法令，君士坦丁让基督教成了事实上的国教，并给予它异教所没有的资助。到公元321年，他已经允许教会收受馈赠和遗产，他本人也不停地给教会捐献金钱和土地。从此，教会开始拥有大量财产，也拥有了随之而来的世俗精神。它原始的淳朴的精神开始衰败，早期高尚的道德标准开始沦丧。但丁

① 《剑桥中世纪史》，第1卷，第5页。伽列里乌斯曾颁布过一个赦令，给予基督徒崇敬上帝的自由，但却并没有确认普遍的宽容原则。

用他的诗句来叹息帝国资助的可悲后果：

> 啊，慈母般的君士坦丁多么有害，
> 第一位富有的教父从你那带走的，
> 不是你的皈依，而是结婚的嫁妆！①

君士坦丁的另一个与新宗教有关的行为具有特殊的历史意义和重要性。他承认基督教的礼拜日为休息日，那一天禁止一般性的工作，而且还命令基督徒士兵必须参加教堂的礼拜仪式。承认基督教的安息日对奴隶来说意义重大。在印欧各族人民的历史上，奴隶第一次可以每周都休息一天。这是个好兆头，它预示着每一天都属于他们自己的时代就要来临了。

154.尼亚西宗教会议（325）

为了解决基督教内部不同教派之间的争议，特别是阿里乌斯派（Arians）和亚他那修派（Athanasians）②关于基督本质的争议——前者不承认他与天父的平等地位——君士坦丁于公元325年在小亚细亚的城镇尼西亚（Nicaea）召开了基督教会的第一次大会。阿里乌斯派受到谴责，大会通过的尼西亚信经成为基督教的正统信条。

155.君士坦丁在博斯普鲁斯海峡建立了新罗马君士坦丁堡（330）

继承认基督教的地位之后，君士坦丁做的最重要的事就是选择博斯普鲁斯海峡上的拜占庭（Byzantium）作为帝国的新首都。君士坦丁选择在东方建立一个新首都是有很多原因的。

首先，军事需求十分迫切。帝国最危险的敌人是多瑙河后面的野蛮人和刚刚复兴的波斯国王们。这种情况使得在东方建立一个新的和永久的军事基地变得十分必要。拜占庭以其无可比拟的战略地位，被指定为最佳的新首都，极其适合帝国的需要。

其次，迁都有着商业原因。随着罗马征服希腊和亚洲，帝国的人口、财富和商

---

① 《地狱》，第19卷，第115至117节。

② 阿里乌斯派以埃及亚历山大市一位牧师阿里乌斯为首。亚他那修也是这座城市的副主教和后来的主教，是东正教和天主教三位一体观的倡导者。

业中心都向东转移。现在，在东方所有的城市中，拜占庭的位置最为优越，是扩大了的帝国的商业都会。

不过，迁都东方的最重要原因还是政治因素。和戴克里先一样，君士坦丁希望建立一个像东方那样的君主专制政府。但是，当时西方人的传统、情感和性情使得建立这样的政府没有根基。君士坦丁很明智地寻求东方那些更顺从的民众，那些总是对统治者卑躬屈膝的民众才是戴克里先所推崇的君主专制的坚实基础。

新都的地址确定了，整个希腊–罗马世界的艺术和物质资源都被征用，在新址上建立一个与其注定命运相匹配的城市。帝国的邀请和宫廷的诱惑让无数人趋之若鹜，涌进了这座新首都。几乎是在一夜之内，古老的拜占庭就成了新的大都市。为了表示对皇帝的尊敬，城市的名字改成了君士坦丁堡，即“君士坦丁的城市”。台伯河上的旧罗马城，失去了它最重要的居民，很快便沦为次要的行省省会的位置了。①

156.“叛教者”尤利安统治下的异教复辟（361—363）

君士坦丁大帝死后，帝国陷入了近25年的混乱，然后帝国的权杖落到了被称为“叛教者”尤利安（Julian the Apostate）的手里，因为他抛弃了基督教并努力恢复异教崇拜。早年，尤利安曾接受过精心的基督教教义培养，但后来，在雅典及其他城市的学习使他受到了异教导师的影响，最终放弃了基督教信仰，开始对古希腊文化异常的仰慕。

尤利安并未采取传统的复辟手段——剑、火和狮子——因为就在他想消灭宗教的柔和的影响下，罗马已经变得充满温情和人性，尼禄和戴克里先式的迫害已经不可能了。尤利安的主要武器是笔，因为他是一个极有天赋的作家和讽刺家。

“叛教者”皇帝无法根除新的信仰，因为基督教教义的纯洁性、它的道德戒条的普遍性和永恒性让它得以流传于世。试图恢复对古希腊–罗马诸神的崇拜也是不可能的，世界早已超越了多神教的时代：伟大的潘神（Pan）已经死了。尤利安给基督教带来的打击很快就为继任者约维安（Jovian）终止了（363—364）。军队中十字皇旗取代了异教军旗，基督教又是帝国的国教了。

---

① 我们应该记住，旧罗马城在戴克里先时代已经不复从前的地位，米兰是当时皇帝的驻地。但是，君士坦丁在东方建新都的做法，使得罗马城在政治和社会生活方面被完全弃置了。

第十章　西部罗马帝国的解体

（376—476）

157.引言：日耳曼人与基督教

在5世纪的希腊–罗马世界中，两个最重要的因素就是日耳曼野蛮人和基督教。它们在几个世纪之前就与罗马政府和罗马生活有了某种联系。但是，接下来我们要讨论的这个时代，两者拥有了全新的历史意义和重要性。

那么，我们即将学习的这个世纪的两个重大事件是：（1）垂死的帝国和北方年轻的日耳曼民族的斗争；（2）基督教在世俗权力的帮助下取得了对异教的最终胜利。

158.哥特人渡过多瑙河（376）

公元376年，东方发生了一个重大历史事件。居住在多瑙河下游北部的西哥特人（Visigoths）成群结队地出现在了多瑙河岸边，乞求帮助，说有一个恐怖的民族侵入了他们的领地，杀光他们的人，烧光了他们的房子，而他们毫无还手之力。西哥特人请求皇帝瓦伦斯（Valens）[①]让他们过河，定居在色雷斯，并承诺，如果皇帝答应了，他们会永远是罗马忠实且坚定的盟友。请求被准许了，条件是他们放下武器，并以子嗣为人质。

让西哥特人如此害怕的敌人就是匈奴人（Huns），他们是来自亚洲大草原恐怖勇猛的游牧骑兵。逃亡者前脚刚被准许进入帝国的领土，他们的亲族东哥特人

---

① 瓦伦斯（364—378）是东部皇帝。西部皇帝瓦伦提尼斯（364—375）已死，由格拉提安（375—383）继任。

（Ostrogoths）随即也被同一个敌人逐出了家乡，大量涌至多瑙河畔，请求过河，以抵挡可怕的敌人。面对境内数量庞大的蛮族，瓦伦斯十分警惕，拒绝了他们的要求，东哥特人于是强行渡河。

一踏上帝国的领土，东哥特人就与西哥特人联合起来，在多瑙河各行省四处劫掠。瓦伦斯赶紧派人给西部皇帝格拉提安（Gratian）送信求援；然而，还没等西部军团抵达，瓦伦斯就鲁莽地在阿德里安堡（Adrianople）与野蛮人开战了。结果，罗马几乎全军覆没，瓦伦斯战死（378）。

瓦伦斯的死讯传来时，格拉提安正匆忙赶赴救援。他马上委任副手——后来被冠以大帝之称的狄奥多西（Theodosius，379—395）负责东部帝国。狄奥多西很快让哥特人投降。大批哥特人在色雷斯的荒地上定居下来，4万多好战的野蛮人，也是帝国命定的颠覆者，被编入了帝国的军团。

159.取缔所有异教徒

格拉提安和狄奥多西都是狂热的基督教正统教会的支持者，他们统治时期发布的许多法令都旨在根除异教，压制异教崇拜。（总体上说，从君士坦丁到我们讲的这个时代，异教崇拜是完全被允许的。）一开始只是禁止，后来只要任何人进行异教祭祀，甚至进入神殿都是犯罪。维斯塔神殿（第17条）里那个已经燃了很久的全国性壁炉内的圣火熄灭了。到公元392年，甚至连对家庭守护神拉瑞斯（Lares）和珀那忒斯（Penates）的私下供奉都遭到了禁止。基督教和异教的战斗终于结束了，基督教胜利了。当然，许多异教仪式在这之后很久依然在秘密进行着，尤其是在农村地区。

160.狄奥多西大帝和米兰安布罗斯大主教

狄奥多西在位时，有一件值得注意的小事，它很好地说明了新宗教正迅速地替代异教，并有着巨大的影响。在一场因一个车夫的逮捕和囚禁引起的叛乱中，马其顿萨洛尼卡城（Thessalonica）的居民杀死了一个将军和帝国守备军的几个军官。当消息传到身在米兰的狄奥多西那里时，他大发雷霆，野蛮的复仇情绪让他下令对萨洛尼卡人进行不顾青红皂白的屠杀。命令被执行了，至少7万人死于屠杀。

大屠杀之后，当皇帝像往常一样进入米兰大教堂去做礼拜时，被虔诚的大主教安布罗斯（Ambrose）拦在了门口，大主教以公正仁慈的上帝之名，禁止他进入这个神圣的地方，除非他为自己可怕的罪行公开忏悔。全体罗马军团的统帅不得不听从这手无寸铁的牧师，狄奥多西穿着忏悔的衣服，以忏悔的态度公开承认了他的罪行，并恭顺地履行了教会强加的赎罪苦修。

这段历史值得我们注意，它标志着人类道德进步到了一个新阶段。同时，它还反映了基督教作为一支新的道德力量、一种普遍的护民权威（参见第31条）降临于世，以正义和人道之名介入到弱者和任性专横的统治者之间。

161.帝国的最终划分（395）

公元395年，狄奥多西去世，按照他的事先安排，帝国被分给了他的两个儿子阿卡迪乌斯（Arcadius）和霍诺里乌斯（Honorius）。18岁的阿卡迪乌斯得到了帝国东部，还是一个11岁孩子的霍诺里乌斯得到帝国西部。这次划分和戴克里先时代以来的做法并无差别，也不会影响帝国的统一。不过，此后古老帝国的两部分的事态发展的差别如此之大，历史学家通常把这次划分作为帝国历史的分界线，从此把两个部分分开来看。

162.东部帝国[①]

东部帝国的故事我们不必在此过多关注。它延续了有1000多年——直到1453年君士坦丁堡被土耳其人攻陷，所以它的历史大部分属于中世纪史。到西部帝国陷落前，东部皇帝几乎一直忙于镇压哥特人和雇佣军的叛乱，或是击退各个蛮族部落的入侵。

163.意大利第一次遭受阿拉里克的入侵（402—403）

伟大的狄奥多西死后没几年，野蛮人就大量涌入帝国的各个部分。先是从色雷斯和梅西亚（Mcesia）来的阿拉里克（Alaric）带领的西哥特人。他们冲过温泉关（Pass of Thermopylae），几乎摧毁了整个希腊半岛。然而，他们在这里遭遇了著名的汪达尔人（Vandal）将军斯提里科（Stilicho），于是转而越过尤利安阿尔卑斯山（Julian Alps），威胁整个意大利。斯提里科谨慎地跟随着野蛮人，抓住有利时机，在意大利北部给予他们重重一击。野蛮人丢弃的营帐里满是来自底比斯（Thebes）、科林斯和斯巴达（Sparta）的战利品。在一次突袭罗马的企图被斯提里科警觉地阻止后，阿拉里克从阿尔卑斯山的峡谷撤出了意大利。

---

① 关于“东部帝国”这一说法，参见第257条，第1个脚注。

164.罗马的最后一次胜利（404）

恐怖的危险过去了。整个意大利的感恩与喜悦之情都溢于言表。人们回忆起了打败辛布里人和条顿人的时代，斯提里科被比作马略（第90条）。罗马举行了盛大的凯旋式。这是罗马人见到的最后一次凯旋式。历史上有300次——这是对外宣称的数字——罗马人见证他们得胜归来的将军举行游行，庆祝在世界各地取得的胜利。①

165.最后一次斗兽场角斗

见证罗马最后一次军事胜利的这一年，同样见证了最后一次斗兽场角斗。是基督教终止了或者说几乎终止了这种毫无人性的活动。异教哲学家对此是十分冷漠的，甚至表示喜爱。普林尼就曾经赞扬一位朋友在妻子葬礼上进行的角斗士表演。很多人认为，这项活动能培养人们的尚武精神，让士兵见识一下战场的情形。所以在士兵打仗出发前，经常会为他们举行角斗表演。

可是，基督教的教父们却认为，这种格斗是不道德的，并尽一切努力让公众反对它。终于，公元325年，君士坦丁签署了第一条反对它的法令。从此以后，斗兽场角斗就算是被禁止了。霍诺里乌斯（Honorius）凯旋式角斗表演中的一个意外使它最终被废除。角斗中，一个名叫特勒马科斯（Telemachus）的基督教修士跳到了表演场地上，从角斗士中间冲过，从而中断了表演，愤怒的人群向他乱扔乱掷，把他打死了。人们很快认识到了自己的鲁莽行为，感到十分后悔。霍诺里乌斯当时正在现场，也为这一幕所震撼。基督教惊醒了人们的良知，触动了罗马的心灵。这位修士的牺牲换来了帝国的政令，“永远禁止了斗兽场上人类的牺牲”。

166.罗马的赎金（409）

胜利后不久，斯提里科就受到了软弱而妒忌的霍诺里乌斯的猜忌，这位曾经两次拯救罗马于危难的将军被处死了；他若活着，说不定还可以扭转即将来临的危局。此时，3万为罗马服役的哥特雇佣军正处于叛乱的边缘，因为他们在意大利各地做人质的妻子儿女遭到了暴民的屠杀。阿尔卑斯山另一边的哥特人也同他们一起为这残暴的行为复仇。阿拉里克再一次翻越群山，打到了罗马城下。自从恐怖的汉尼拔

---

① 公元403年的哥特入侵之后不久，部落首领拉达盖苏斯率领的另一伙日耳曼人又来进攻意大利。他们在佛罗伦萨为斯提里科的罗马军队包围，被迫投降。

（第66条）时代以来——那是600多年前的事了——罗马还从没受过兵临城下之辱。

饥荒让罗马不得不求和。元老院的使者来到阿拉里克面前，傲慢地警告他不要逼人太甚，不要提太过苛刻和有损名誉的条件，否则绝望的罗马人的怒火非常可怕，他们的数量也很庞大。“草越茂盛，便越好割。”阿拉里克嘲笑着回复。野蛮人首领最终提出了他想要的赎金，饶过了这座城市。赎金数目不大，但此时的罗马人却已山穷水尽，只能通过一些不可思议的方式被凑齐了，他们剥下了神像上装饰的金子和宝石，最后甚至直接融化了雕像。

167.阿拉里克洗劫罗马（410）

从罗马退出后，阿拉里克驻扎在了伊特鲁里亚。这位部落首领开始为他的追随者向霍诺里乌斯索取土地，霍诺里乌斯和他的宫廷躲在拉韦纳的大沼泽后面，自谓安全，每次都带着愚不可及的傲慢拒绝野蛮人的提议。

罗马付出了代价。阿拉里克下定决心洗劫这座城市。野蛮人趁夜攻入了首都，“居民为嘹亮的哥特号声所惊醒”。距离上一次高卢人破城已经过去了800年（第40条）。现在，罗马又成了野蛮人的战利品。阿拉里克下令不得杀人，不得侵犯教会财产；然而，公民的个人财产却可以任意掠夺。抢来的财宝装满了一车又一车，因为恺撒们的宫殿和富人的家里聚集了这个被洗劫的城市里几乎所有的财富。

168.灾难对异教的影响

降临罗马城的毁灭性的灾难给异教和基督教都造成了深远影响。异教徒认为，这些无法形容的灾难都是因为罗马人抛弃了祖先的信仰，而正是在诸神的保护下罗马才成为世界的霸主。

另一方面，基督教则认为，城市的沦陷正应验了他们《圣经》中对巴比伦（Babylon of the Apocalypse）的预言。基督教的解释得到了陷于恐慌和绝望中的人们的信任。“从此以后，”历史学家梅里维尔说，“异教一败涂地，仅有微不足道的、且非常少的证据证明它的存在。基督教接手了它废弃的遗产。”

169.阿拉里克之死（410）

从罗马撤军后，阿拉里克挥师南下。他们一路走来，不断洗劫坎帕尼亚及其他意大利南部地区，马车里的战利品越堆越高，在罗马贵族的别墅里，野蛮人打开满满的地窖，大开宴席，从镶满宝石的杯子里饮着葡萄酒。

阿拉里克死于公元410年，他远征非洲的计划由此中断。传说，因为宗教信仰，他的追随者不希望有人打扰英雄的尸体。他们花了大力气改变了布鲁提乌姆北部的一条名叫布森提努斯（Busentinus）的小河的流向，在河床上建了一座墓穴，把国王和他的珠宝、战利品一起埋了进去，然后又恢复小河的河道与水流。此外，他们还杀死了被逼来做这项工作的囚犯，这样就没有人知道陵墓的具体位置了。

170.帝国的瓦解与野蛮人王国的开始（410—451）①

我们现在必须把目光从罗马和意大利身上移开，看看帝国西部各行省事态的发展。阿拉里克洗劫罗马之后的40年里，日耳曼部落已经占领了这些行省的很大一部分，并建立了所谓的各野蛮人王国。

洗劫了罗马和意大利的哥特人，在他们的伟大首领阿拉里克死后，由他的继任者带领，重新越过阿尔卑斯山，在高卢和西班牙北部安营扎寨，最终在这一地区建立了所谓的西哥特王国（第203条）。

当哥特人迁移并定居下来时，一个类似但文明程度差一些的部落——汪达尔人——离开家乡潘诺尼亚（Pannonia），横穿高卢，越过比利牛斯山进入西班牙，并一度占据了这个国家的大一块地方。今天，西班牙一个名叫安达卢西亚（Andalusia）的地方，依然保留着野蛮人的遗迹。然后，汪达尔人又穿过直布罗陀海峡，推翻了罗马在北非的统治，以迦太基为中心建立了一个恐怖的海盗王国（第204条）。

大概与此同时，勃艮第人（Burgundians）在高卢东南部建立了自己的国家。今天，这一地区的一部分仍然被称为勃艮第（Burgundy），其名字就来源于这些定居者。

法兰克人在罗马被阿拉里克洗劫前的一个世纪，就已经在莱茵河西部的罗马领土上定居，此时，他们在数量和力量上都大为增加，为罗马灭亡后的法兰克王国——今天法国的开端——打下了基础（第205条）。

但是，最重要的野蛮人定居点在遥远的不列颠行省。为了保卫意大利，抵抗野蛮人，斯提里科撤回了不列颠的最后一个军团，北部的哈德良长城（第138条）和面向大陆的漫长海岸线都处于无人把守状态。卡勒多尼亚的皮克特人（Picts of Caledonia）趁行省军团撤走之际，蜂拥而入，洗劫南部的城镇。半罗马化的、柔弱

---

① 我们选择这些日期，是因为它们正好在两个重要事件之间——洗劫罗马和沙隆之战（第171条）。

的行省人民根本不是这些凶悍亲族的对手——这些人可从未向罗马人低过头——被残忍的敌人践踏到绝望，只得请求北海沿岸的盎格鲁-撒克逊人的援助。盎格鲁-撒克逊人驾着他们简陋的船赶来，击退了入侵者，他们对岛国的土地和气候十分满意，把这个国家据为己有，并成为今天英格兰人的祖先。

日耳曼人渡过莱茵河

171.匈奴入侵；沙隆之战（451）

四处瓜分蚕食垂死帝国的野蛮人自身，也面临着来自另一个恐怖敌人的威胁，这个敌人在他们眼中就像他们自己在罗马外省人眼中一样可怕。他们就是来自中国西北部的蒙古匈奴人，在前面讲被他们吓坏了的哥特人渡过多瑙河（第158条）时，我们已经见识过了。这时候，他们的首领是阿提拉（Attila），惊恐的欧洲人称他为“上帝之鞭”。阿提拉吹嘘说，他的马蹄踏过的地方寸草不生。

阿提拉打败了东部帝国的皇帝，向君士坦丁堡的皇庭征收苛刻的贡品。然后，他挥师西进，带领着据说70万大军穿过莱茵河进入高卢，想先劫掠这一行省，然后用武力征服整个意大利，以摧毁罗马的残余势力。罗马和日耳曼人联合起来对抗共同的敌人。西哥特人由他们的国王狄奥多里克（Theodoric）率领；意大利人、法兰克人还有勃艮第人则归到罗马将军埃提乌斯（Aetius）麾下[①]。阿提拉把他的军队聚集在沙隆（Chalons）平原，战斗漫长而残酷，但是，上天最终没有眷顾野蛮

① 埃提乌斯被称为“最后的罗马人”。此前20年，他都是帝国高卢地区的得力守护者。

人，阿提拉损失惨重，逃离战场，带着残兵败将渡过莱茵河撤退了。

这次胜利属于重大的历史事件；因为它决定了是印欧民族，而不是匈奴人来继承衰败的罗马帝国，以及欧洲的命运。

172.阿提拉威胁罗马；他的死亡（453？）

沙隆战败后，阿提拉越过阿尔卑斯山，烧毁并劫掠了几乎所有意大利的北部重镇。威尼西亚人为了安全，逃往亚得里亚海北部的沼泽（452），在多个小岛上建立了他们简陋的居所，这就是后来的威尼斯城，被称为“罗马帝国的长女”，“中世纪的迦太基”。

蛮族威胁着罗马；教皇利奥一世派使节去见阿提拉，为这座城市求情。他向阿提拉提起了阿拉里克，后者在让士兵们任意洗劫罗马城后，不久就死了，他警告阿提拉，不要招致同样的天谴。阿提拉放过了这座城市，率军返回阿尔卑斯山。渡过多瑙河不久，他就死在了自己的营帐里，并且和阿拉里克一样，也被秘密埋葬。

173.汪达尔人洗劫罗马（455）

罗马免除了一场来自北方的灾祸，然而，新的灾难却即将从南方由海路而来。罗马人曾仇恨汉尼拔，不过，这次从非洲派出的军队，其掠夺的贪欲对罗马来讲比汉尼拔更为致命。北非的汪达尔国王在地中海西部拥有的权力丝毫不亚于当年贸易兴盛时的迦太基。汪达尔的海盗船横扫海面，骚扰所有的沿岸城市，令人闻风丧胆的盖萨里克正溯台伯河而上。

恐慌笼罩在人们心头，因为，汪达尔人恶名昭著。还是那位从阿提拉手下拯救了民众的伟大的利奥（Leo）站了出来，以基督之名前去为罗马斡旋。盖萨里克（Geiseric）答应虔诚的大主教放过城中百姓的性命，不过，城中所有能拿走的财产都属于他的士兵。挤满了台伯河的汪达尔船只现在堆满了首都的财宝，就像曾经的哥特马车一样。宫殿里的家具被搬走了，神殿的墙上无数次战役的战利品也被抢劫一空①。朱庇特神殿里提图斯从耶路撒冷拿来的金烛台和其他圣物都被抢走了（第133条）。②

---

① 异教神殿被关闭后，许多或至少有一些圣物，比如战利品，依然完好地放在原来的地方没有动。

② 金烛台被运往非洲，100年后重现于君士坦丁堡，查士丁尼因为迷信的原因又把它放回了耶路撒冷。从此，历史上再没有关于它的记载——梅里维尔。

贪婪的野蛮人终于尽兴，准备撤退。汪达尔舰队驶向迦太基，除了掠夺来的财富，船只还装满了掳来的3万罗马人奴隶。这些野蛮的征服者终于为迦太基人复仇了。西庇阿的不祥预感应验了（第81条）。迦太基曾经的悲惨命运在汪达尔人劫掠的城市里重新上演。

174.西部帝国瓦解的最后一步（476）

帝国在西方只剩下个影子了。高卢、西班牙和非洲行省都落入了法兰克人、哥特人、汪达尔人以及其他入侵的蛮族部落手中。意大利和罗马城一次又一次地被野蛮人洗劫。盖萨里克之后20年的罗马史，就是这种事情的一次又一次的重复史。这些年里，军队扶植了数个傀儡皇帝，最后一个只有6岁。幼主名叫罗慕路斯·奥古斯都，这是命运的奇异巧合，罗马的最后一个皇帝和罗马城及帝国的建立者同名。他被称为奥古斯都路斯（Augustulus），有“小奥古斯都”之意。但是，他在位只一年，就被一个小日耳曼部落的首领奥多亚塞（Odoacer）废掉了。

罗马元老院使人给君士坦丁堡的东部皇帝芝诺（Zeno）送信，宣称西部自愿放弃选举皇帝的权利[①]，要求由已经获得贵族头衔的日耳曼首领作为总督管理意大利。奥多亚塞以这样的地位和头衔接管了半岛的政权。现在，意大利仅仅在名义上是帝国的一部分，实质上则是一个独立的野蛮人王国，像在帝国其他部分建立的那些王国一样。这一事件不仅意味着西部皇帝世系的结束，也表明旧帝国在西部行省的统治彻底消亡——长达一个世纪之久的解体过程的终结。

175.帝国灭亡的原因

有人说，帝国的灭亡是由于人口的不足。事实也确实证明人口曾大幅度下降，特别是在帝国后期。这是由许多原因引起的，有一些可追溯到共和国后期。其中，最显著的原因包括奴隶制（后期是农奴制）、苛刻的税制、可怕的瘟疫，比如马可·奥勒留时期的那一次，然而，最主要的原因还在于，罗马历史上长期的国内外战争毁掉了意大利民族的年轻人。

比起人口减少，帝国衰落更有说服力的原因是公众精神以及罗马人知识和道德力量的减退。道德堕落的原因有很多，不能详述，我们在此只能强调这对帝国政治

---

① 还有一位此前被流放的西部皇帝尤利乌斯·尼波斯住在萨罗纳，然而，奥多亚塞却对他视而不见。

命运的深远影响。它伤及国家根基，导致了最后的灾难。

帝国衰落的另一个原因是自由民阶层的衰落，这一阶层曾经是帝国早期的重要力量。它主要由少数人垄断土地引起的。共和国后期，政治家的努力，还有皇帝试图消除垄断、恢复意大利及各行省内自由民阶层的一切行动，都收效甚微。基督之后的第3个世纪里，辛勤耕种的劳苦大众手中依旧没有一块土地。他们变成了佃农，处于半奴役状况，在大地主和帝国的庄园上劳作。他们与早先的奴隶阶层混在一起，其知识和道德水平自然也就沦落到和奴隶一样了。我们不能低估这种奴役化和自由民阶层的退化对帝国的削弱作用。

同样导致帝国衰落的还有中产阶级的消失。我们已经解释过帝国的庞大开支带给人民的负担，及其对国力的削弱（第147条）。“帝国衰落很大程度上是由于议员制度变为阶级世袭制度，且后者承载的不可估量的责任。”①

导致帝国政府致命衰落的另一原因是帝国的日耳曼化。早在公元2世纪，罗马皇帝就允许蛮族在帝国地广人稀的行省上定居。大量蛮族俘虏在边境荒地上做农奴。到5世纪，帝国的相当一部分居民都是日耳曼人。这些野蛮人带来了反罗马的思想，特别是人身自由的思想，它直接与罗马帝国的专制主义相悖。当他们的亲族入侵并征服罗马的时候，野蛮人把他们当作拯救者来欢迎。

当帝国的人口正在被日耳曼化的时候，军队也发生了同样的变化。意大利人越来越不喜欢参军，导致军人越来越多地从边境蛮族中招募。军队里全是野蛮人或半野蛮人，他们中的杰出者如斯提里科和奥多亚塞担任了以前由费边和西庇阿等担任的统帅职位。这种转变没有其他结果——只能是我们看到的，反罗马精神渗入军队，最终，心怀怨愤又野心勃勃的将军和叛乱的士兵抓住了帝国的缰绳。

帝国没有皇位继承制度也是其崩溃的一个原因。皇冠既不是世袭的，也不是有规律地选举的，基本上是通过暴力或非正常手段上位，胜者为王。王权缺乏君主制政府的有力支撑——对合法王朝的忠实情感。

再就是，内部统一的缺乏也是导致其软弱和失败的重要因素。罗马扩充得太大，拥有的太多了。她无法融合广大疆域内不同的民族、信仰和文明。她确实罗马化了西方，而且很大的一部分流传到了今天，但是，她无法罗马化东方。结果正如我们所见，帝国分成了东西两部分。这种内部统一的缺乏在帝国的地方城市那里一

---

① 迪尔，《罗马社会：从尼禄到马可·奥勒留》（1904），第213页。

样明显。罗马由成百上千个城市组成，但却没有强大的纽带把它们联结在一起。每个城市都有各自的骄傲和精神，却缺乏我们今天称之为爱国主义的东西。历史学家基佐认为，这种公众精神和精神纽带的缺乏是罗马帝国解体的最重要原因，使得它在野蛮人面前不堪一击。

最后，西部帝国陷落的直接原因当然是外部日耳曼部落的强大。从尤里乌斯·恺撒开始，这些部落就形成了强大的同盟。他们跟罗马人学会了战争的艺术，获得了后来对付罗马的武器。这些北方人在帝国崩塌的悲剧中扮演的角色我们也都看到了。但是，反思历史，我们不应该忘记一条真理，即外部因素不能毁掉什么，一件事物的灭亡只能是从内部的腐烂开始。正如一位伟大的历史学家（爱德华·迈尔）所说，日耳曼人并没有摧毁罗马文明，罗马人是咎由自取。

176.西部罗马帝国灭亡的意义

“意大利和西部行省脱离帝国的直接控制，尤其以奥多亚塞的即位为其显著标志，”一位杰出的罗马历史学家写道，“它被认为标志着新时代的开端。”① 在此，我们抵达了西方世界的转折点。

这一欧洲编年史上的重大事件，让罗马文明之光几乎彻底熄灭。它带领欧洲进入了所谓的“黑暗时代”。其间，新民族历经缓慢发展，才重新达到了希腊人和罗马人的文化水平。

当然，这一事件并不仅仅意味着灾难和损失，它也意味着一个新的极有天赋的民族开始为文明贡献力量。帝国境内数百年来三大文明的要素——希腊、罗马和基督教最终融合在一起。第四种力量日耳曼人也加入进来，而正是他们创造了比以往任何文明都更加丰富、更加先进的现代文明。

西部罗马帝国的灭亡，使得原本单一的帝国境内有了多个民族国家或政治集团同时成长，这对政治世界有着巨大的影响。

另一个后果则是教皇权力的发展。西方皇权的缺失使教皇迅速获得了影响和权力，他们很快建立起一个教会帝国，在某些方面取代了旧的罗马帝国，继续着它的文明事业。

① 佩勒姆，《罗马史纲》（1895），第572页。

第十一章　罗马人的建筑、文学、法律和社会生活

第一节　建筑工程

177.罗马对建筑学的贡献

罗马的建筑主要是模仿希腊。但罗马人可不是一味地照搬，他们不仅改变了希腊建筑的形式，而且还大量使用希腊和东方人很少使用的拱顶，从而给予了这些巨大的建筑以独特的艺术风格。他们建造了宽阔的穹顶长廊和大厅，让宏伟的高架渠穿过最深的山谷，在最宽阔的河流上搭建了最结实的桥梁，有一些经过了1800年岁月和洪流的侵蚀依然保存至今。拱顶的使用是罗马建筑师对建筑科学和艺术的最大贡献。

178.神圣的建筑

罗马人的神殿与希腊人的十分相似，在此我们就不必详加描述了。但我们要提一下圆形拱顶殿宇，因为这种建筑是意大利所独有的，它最杰出的代表是罗马的万神殿，至今保存得十分完好。巨大的混凝土穹顶笼罩着整个建筑，是世界上最杰出的建筑师最大胆的砖石作品。

罗马万神殿

179.竞技场、剧院和圆形竞技场

罗马的竞技场，我们应该称之为跑马场。罗马有几处竞技场的旧址，最有名的是马克西穆斯竞技场，它始建于塔克文家族当政时代，后来随着帝国人口的增长又扩建了，据说能容下两三万观众。

1885 年的罗马广场

罗马人的剧院是从希腊人那里学来的；然而，他们的圆形竞技场却属于独创。弗拉维时代的圆形竞技场多用做斗兽场，我们之前就有所提及，它比任何古代遗址都更有力地向我们传达了一种文明的精神①。这座巨大建筑的遗迹保留到了今天，是“罗马帝国权力和辉煌的象征”。意大利许多重要城市和省份都有与斗兽场十分相似的圆形竞技场，只是要小一些，但卡普亚的那座，几乎与弗拉维时期的这座一样大。

马克西穆斯竞技场

180.军用道路

军用道路是罗马人最杰出的实用建筑，体现了这个民族的实用天才。这些道路从首都向外辐射，并随着帝国的扩张而不断延长，一直到达地中海沿岸的所有地区，甚至阿尔卑斯山北都与罗马相连，道路互通，形成一张交织得非常好的道路网络。这些道路今天虽然早已残缺不全，但依然能够激起现代设计师的羡慕和好奇。②

① 参见第134条。

② 除了连接罗马、坎帕尼亚地区和意大利东南部的阿庇乌大道（第45条），还有其他重要道路承担着首都和意大利北部的交通。这就是一直通到亚得里亚海沿岸阿米尼的弗拉米尼亚大道，还有通到比萨的奥莱莉亚大道，以及穿过中部地区的卡西亚大道。波河平原上道路密布，其中，最重要的一条是埃米利亚大道，它把弗拉米尼亚大道延伸到了波河平原上的皮亚琴察。

斗兽场

帝国荣耀与耻辱的纪念碑。

——迪尔

座罗马里程碑

这座里程碑坐落在哈德良长城附近的切斯特霍姆（Chesterholm），是不列颠仅存的一处由古罗马工程师所修建的里程碑。

这些军用大道体现了罗马人不惧艰难的精神，它们尽可能地以水平直线的方式向前延伸，隧道穿山，高桥连谷。那不勒斯附近的一座隧道直到今天还在使用，它有半英里长，人们称之为波西里珀洞穴（Grotto of Posilipo），它使得阿庇乌大道穿过一座海角，是整个大道修建中最为困难的一处。道路4至5码宽，由水泥和碎石构成，上面有时铺一层硬石，就像阿庇乌大道一样。罗马广场有一根镀金的柱子，上面刻着所有半岛大道的长度。

181.水渠

古罗马的水渠是罗马人最重要的实用建筑之一。阿庇乌斯·克劳狄乌斯于公元前313年开始建设首都的用水系统，他修建了一条水渠，把水从萨宾山上引到城里。共和国时期又建了4条；帝国时期水渠的数量达到14条①。最长的水渠有55英里。水渠一般在地表之下，但要穿过山谷时，人们就用拱门把它架起来，有些高达100多英尺②。今天，罗马城外这些高大而残破的拱门延绵不断，是坎帕尼亚地区最引人注目的景物。

182.温泉或浴池

对古罗马人来说，洗浴是一种奢侈的艺术。共和国时代浴池的数量就不少，但帝国时代的浴池，或者应该叫温泉，才是真正的宏伟壮观。它们与共和国时代的浴池不同，属于帝国建筑中最精致昂贵的。里面包括冷浴、热浴、游泳等各种房间，更衣室和健身房，博物馆和图书馆，用来休息和交谈的石柱廊，美丽的院子里有雕像和其他用来增加豪华感和休闲感的装饰品。③ 为了显示建造者的慷慨，这些地方免费向公众开放。

克劳狄亚水道

① 很多今天仍在使用。

② 罗马建造巨大的砖石拱门来穿越洼地和山谷，不是因为他们不知道水往低处流，而是他们无法造出足够大、又足够坚固的管子来承受压力。

③ 兰恰尼把这些帝国温泉叫“巨大的俱乐部，在这里骄奢而优雅的年轻人成群结队地来放松享受”。

并不只有首都的居民才把洗澡变成奢侈和艺术。罗马帝国境内大大小小的城市里都有温泉供洗浴；若是哪里的泉水有疗养的作用，那里一定会建起最宏伟的洗浴设施，变成罗马人最爱去的地方。巴登巴登（Baden-Baden）是现代德国人的避暑胜地，可是它早在千百年前就是富有的罗马人常去的著名奢侈的度假胜地了。

183.别墅

每一个富有的罗马人都有别墅，许多人在意大利不同的地方有好几处。这些乡村居所不仅保留了城市的便利，比如浴池、博物馆、图书馆，还多了首都因空间所限而没有的东西——宽敞的花园、鸟舍、鱼塘、葡萄园、橄榄果园、林荫大道和维护得很好的车道。

最有名的当属哈德良在提布尔[Tibu，即今天的蒂沃利（Tivoli）]建的别墅。它设计的目的是模拟地上世界和地下世界。有一处是坦佩谷（Vale of Tempe）的缩影，还有其他著名景点的复现，这些一定是哈德良在他的巡游过程中所见所叹的。地下迷宫让访客仿佛身临冥府，从而体验传说中的可怕之地。

184.墓碑

最早期的罗马人似乎通过埋葬来处理死者；不过，到共和国晚期，火葬变得普遍起来。基督教盛行后，宣扬耶稣复活的教义，使得土葬再次流行。

罗马的哈德良陵墓

罗马人最喜欢的埋葬地点是大道两边；“因为，死者总是向往着现在的世界”。从首都开始一连几英里内，阿庇乌大道两侧满是墓碑。许多已经残缺不全，但依然紧挨着大道。这些建筑就像现代墓园里的纪念碑一样有着多样的设计。[①]

第二节 文学和法律

185.共和国诗人

拉丁文学基本上是模仿或借用希腊的模式；然而，它却是文明传播的媒介，对希腊的文学宝藏在世界范围内的传播起了重要作用。[②]

希腊戏剧是罗马人首先学习并模仿的。从公元前240年到公元78年，戏剧是罗马唯一发展起来的文学形式。这一时期出现了拉丁语民族能找到的所有伟大戏剧家。最有名的当属普劳图斯（Plautus，约前254—前184）和泰伦斯（Terence，约前185—前160），都是喜剧作家。他们的作品基于或者取材于希腊新喜剧[③]。今天喜剧舞台的一些固有特征也是起源于他们的著作，因为就像普劳图斯和泰伦斯借鉴希腊人一样，今天的喜剧作家也在借鉴罗马前辈。

共和国后期出现了两位卓有成就的诗人，卢克莱修（Lucretius）和卡图卢斯（Catullus）。卢克莱修（前95—前51）在雅典学习时，就深深地迷上了伊壁鸠鲁（Epicurus）的哲学。在伟大诗篇《物性论》（*On the Nature of Things*）中，他试图让人们不再恐惧诸神和死亡，他告诉我们，一代代的生命源自于富饶的土地；宣称

---

① 比如罗马的凯旋柱和拱门。

② 这里应该提一提古代的图书与图书出版者。罗马有几个出版机构在那时享有盛名，业务广泛。“确实，古代的图书贸易，”古尔说，“其规模堪比现代。出版在我们文学作品中的位置，那时都被奴隶所占据。”在实践中，他们积累了大量抄写经验，出书量也大幅增长。至于书本身，我们要知道，古代的书只是一册手稿，其内容相当于现代的一卷。所以，恺撒的《高卢战记》在我们看来就是不薄不厚的一卷，但却是足足8本罗马古书。许多富有的罗马人家里都有图书馆。戈尔迪安的老师萨莫尼库斯·塞伦努斯家中藏书达6.2万册。

③ 参见《东方民族与希腊》（第2次修订版），第310页，脚注2。

诸神根本不管世俗的生活，风暴、闪电、火山和瘟疫都是由自然原因引起的，不是上天的怒火；他的最终结论是死亡会结束一切，所以根本没有什么好怕的。

卡图卢斯（约生于公元前87年）是一位抒情诗人。他被称为罗马的彭斯（Burns），因为他的生活如彭斯的一样任性，诗歌如彭斯的一样甜蜜。

186.奥古斯都时代的诗人

三位诗人——维吉尔（前70—前19）、贺拉斯（前65—前8）和奥维德（前43—18）——为奥古斯都的统治添上了一层永不褪色的光芒。这些作家让他们所生活的时代辉煌而卓越，以至于后来人们用“奥古斯都时代”这一名词来代指一个民族历史上文学兴盛的时期。

维吉尔的三部伟大著作分别是《牧歌》（*Eclogues*）、《农事诗》（*Georgia*）和《埃涅阿斯纪》（*Aeneid*）。《牧歌》是一系列的田园诗歌，高度模仿了西西里人忒奥克里托斯（Theocritus）的诗。在《农事诗》里，维吉尔称颂赞扬了农民的劳动。这首诗是在米西纳斯（Maecenas）的建议下写的，他希望借这首诗劝他的村民回到让罗马先辈赖以兴盛的农业耕种上来，维吉尔在整首诗里都借鉴了希腊诗人赫西奥德（Hesiod）的《工作与时日》（*Works and Days*）。没有《农事诗》，我们就永远不会读到汤姆森（Thomson）的《季节》（*Seasons*），因为这首英文诗歌很大程度上就是对维吉尔原作的翻译。

《埃涅阿斯纪》是世界上著名的史诗。在这部代表作里，维吉尔借鉴了《伊利亚特》（*Iliad*）和《奥德赛》（*Odyssey*），他的很多隐喻、明喻和描述性段落都来自这两本书。《埃涅阿斯纪》的主要目的是把罗马的起源和历史与特洛伊的故事联系起来，和诸神的旨意联系起来，借以美化罗马，颂扬奥古斯都结束战争、带来和平的功绩。

贺拉斯的《歌集》（*Odes*）、《讽刺诗集》（*Satires*）和《书札》（*Epistles*）都使他盛名远播；但是，只有第一本书才最好地展现了他的天赋和用词的细腻优雅。

奥维德最有名的作品是《变形记》（*Metamorphoses*），里面包括了两三百个希腊和罗马神话，描述了不同的人、神、英雄和女神的变化。

187.讽刺文学和讽刺作家

讽刺文学繁荣于自私自利、道德败坏的年代，社会腐烂的土壤最易催生讽刺文学。奥古斯都之后的罗马正是这样一个时代，由此产生的一系列作家以敏锐尖刻的讽刺成为后世同类文学作品的典范。

两个人尤为突出——佩尔西乌斯（Persius）（34—62），此人是“罗马的清教徒”（Roman Puritan），还有尤维纳利斯（Juvenal）（约40—120）。这些作家具有特殊的历史意义和价值，他们的作品从侧面展现了帝国早期罗马的生活。①

佩尔西乌斯和尤维纳利斯对腐朽和罪恶的抨击是缪斯女神最后一次眷顾罗马。尤维纳利斯死后，罗马再无一个诗人有显著成就。

188.罗马的雄辩术

众所周知，“公共演讲是政治自由的产物，且与之不可分割”。这句话是雅典共和国的真实写照，同时也描述了罗马的情况。罗马所有的伟大演说家都出自共和国时期。其中，以荷滕西斯（Hortensius）和西塞罗最为著名。

荷滕西斯（前114—前50）是著名的法学家，他既是博学多才的法官，也是雄辩的出庭律师，他的名字在首都法律界人所共知。他的法学天才让他的法律业务十分有利可图，他因此聚集了大量的财富。

西塞罗（前106—前43），荷滕西斯的同时代人、挚友，毫无争议的罗马第一演说家——“罗慕路斯最雄辩的子孙”。青年时代，他尽享财富和出身带来的好处。像那个时代的许多贵族青年一样，他被送到希腊，在雅典的学校里完成学业。回到意大利后，他很快就获得了举足轻重的地位（第106条）。比起演讲和散文，他写的书信得到了更高的赞赏。他写给朋友阿提库斯的信——有近300封保留了下来——是书信体写作的最有魅力的范本。

189.拉丁历史学家

古罗马产生过四位名垂青史的历史学家——恺撒、萨鲁斯特（Sallust）、李维和塔西佗。② 此外，苏维托尼亚斯（Suetonius）也需提及，尽管他写的多为传记，而非历史。

---

① 马修奥也是这一时期的讽刺诗人（约生于公元4年），但他仅仅指责了社会的一些次要恶习。他的许多著作以今天的道德标准来看，本身是极不道德的。

② 若列得更全一点，罗马历史学家名单还应该包括：费边·皮克托，他是拉丁民族的第一位历史学家；监察官加图，他的著作《罗马古代史》如今只剩了些片纸残章；康涅利乌斯·尼波斯，生活在公元前1世纪。

恺撒的作品是《高卢战记》（*Commentaries on the Gallic War*）和《内战记》（*Memoirs of the Civil War*）。《高卢战记》一直与色诺芬（Xenophon）的《远征记》（*Anabasis*）相提并论，是叙述性写作的典范。

萨鲁斯特（前86—前34）是恺撒的同时代人及挚友。作为非洲一个行省的总督，他以并非不正当，但也严酷的手段聚敛了大量的财富，然后回罗马建了一座带美丽花园的豪华别墅，这座别墅成为首都文人最爱的集会之所。他赖以成名的两部主要著作分别是《喀提林阴谋》（*Conspiracy of Catiline*）和《朱古达战争》（*Jugurthine War*）。

李维（前59—17）是奥古斯都时代一颗最为闪亮的明珠。他与古代的希罗多德（Herodotus），当代的麦考莱（Macaulay）并称。他最伟大的著作是《罗马自建城以来的历史》（*Annals*），讲述的是罗马早期到公元前9年的历史。不幸的是，这套总数达142卷的书籍，只保留下来35卷。很多人都对"李维佚失的书籍"表达了哀叹。李维像希罗多德一样喜欢讲故事，也像这位希腊历史学家一样容易让人相信，他叙述的口气十分真诚，对当时关于罗马早期历史的神话和传说没有丝毫质疑。现代批评家表明，他历史的第一部分是完全不可信的，不能当作真实的历史事件来看待。但是，这套书记载了当时罗马人对自己民族的起源、城市的创建、祖先的事迹和美德的看法，十分有趣。

塔西佗的代表作是《日耳曼尼亚志》（*Germania*），是关于日耳曼人风俗习惯的论述。在这本书中，塔西佗比较了未开化的日耳曼人的美德和文雅的罗马人的罪恶。

塞涅卡

190.科学、伦理和哲学

这一部分的人有塞涅卡、老普林尼、小普林尼、马可·奥勒留和爱比克泰德（Epictetus）。

塞涅卡（约1—65），斯多葛学派的道德家和哲学家，我们已经知道他是尼禄的导师（第131条）。他并不相信国人的宗教，对造物主的看法与苏格拉底没有什么不同。

老普林尼（23—79）是唯一获得自然学家声誉的罗马人（参见第134条）。他留下的唯一著作是《自然史》（*Natural History*），该书是一部罗马百科全书。

在谈到老普林尼时，也有必要提一下他的侄子小普林尼（第137条）。他的书信和西塞罗的一样，都是流传至今的非常有价值的罗马散文作品。

皇帝马可·奥勒留和奴隶爱比克泰德在罗马的伦理导师中占据首屈一指的地位。前者写了《沉思录》（第139条）；但是，后者却和苏格拉底一样，并未从事写作，所以我们只能从他的学生阿利安（Arrian）那里了解他的思想。爱比克泰德（约生于公元50年）做了很多年的奴隶，后来获得了自由，成了哲学教师。作为基督教之外最纯洁道德体系的导师，他的名字与马可·奥勒留就不可分割地联系在了一起。爱比克泰德和奥勒留是希腊哲学家芝诺最后的杰出代表。因为基督教对心灵的影响远大于斯多葛学派，很快便占领了人们的思想领地。

191.早期罗马教会作家

前3个世纪的基督教作家，如《新约》的作者是用代表知识和文化的语言希腊语来写作的。然而，当拉丁语在西方得到普及后，基督教作家便自然而然地使用拉丁语了。所以，在帝国后期，几乎所有西部早期教父的作品都是以拉丁语写成的。这一时期让教会文学生色的诸多名字里，我们只选择两位——圣哲罗姆（St. Jerome）和圣奥古斯丁（St. Augustine）——加以特别提及。

哲罗姆（342？–420）出生于潘诺尼亚，在伯利恒过了多年的隐修生活。其为世人记住的主要成就是把圣经翻译成了拉丁文，成为通用的拉丁文《圣经》版本，这一版本略经修改，到今天依旧为罗马天主教会所使用。麦凯尔（Mackail）声称："他对中世纪的欧洲来讲，就像荷马对希腊一样重要。"

圣奥古斯丁（354—430）出生于非洲迦太基附近。他是罗马后期基督教会最重要的作家。他的《上帝之城》（*City of God*）是一本非常好的书，对历史学家有着独特的价值。成书时，罗马正遭受野蛮人的劫掠，异教徒认为，是因为人们抛弃对旧神的崇拜，转而相信基督教，才招致了帝国的灾难，奥古斯丁用这本书回答了他们的指控。

192.罗马法与法律文献

尽管我们已经讨论了各个文学领域的拉丁作家所做的杰出贡献，不过，罗马在文学方面还是受到了希腊的引导，其作品以模仿为多。但是，在另一领域却十分不同，那就是法律和政治。因为，罗马人在这一领域不是学生，而是老师。每一个民族都有它们的使命，罗马的使命就是给世界以法律。

我们所知的罗马法律体系约始于公元前450年的《十二铜表法》（第32条）。整个共和国时期，法律变得不那么严苛和残酷，而是越来越开明和科学了。

从公元前100年到公元250年，罗马诞生了一批最著名的法律著作家和法学家，他们创作了世界上最优秀的法律文献。他们整理并阐述那些作为社会根基、调节社会和政治关系的永恒不变的法律。盖尤斯（Gaius）、乌尔比安（Ulpian）、保罗（Paulus）、帕比尼安（Papinian）和莫迪斯蒂努斯（Pomponius）是这个年代最有名的法学家，他们的作品和观点极大地丰富了罗马法学文献这一学科。

公元527年，查士丁尼成为东罗马帝国的皇帝。他立即组成了由大法学家特里波尼安（Tribonian）领导的委员会，系统地收集和整理浩如烟海的罗马法律和法学家著作。这项事业就像是《十二铜表法》中的十人委员会，只是规模更大。委员会的最终成果就是《民法大全》（*Corpus Juris Civilis*），又称“法律大全”（Body of the Civil Law）。它由三部分组成：《法典》（*Code*）、《法学汇编》（*Pandects*）和《法学概要》（*Institutes*）。①《法典》是自哈德良以来颁布的所有罗马法律、对司法人员的指示告令等的修订和压缩。《法学汇编》是古罗马伟大法学家的作品及观点的节略和汇编。《法学概要》是《法学汇编》的缩减版，是给帝国法律学校的学生使用的初级教科书。

以这种方式保存并传播的罗马法律是拉丁文人对文明的最大贡献。② 它对几乎所有欧洲国家的法律体系都有着深远的影响。从这种意义上讲，这座台伯河上的小城市依旧统治着世界。犹太人的宗教、希腊人的艺术、罗马人的法律，是现代文明里三种最真实、最强有力的因素。

---

① 后来又有一部名为《新律》的法令，包括查士丁尼于《法典》完成之后颁布的法律。

② 尽管罗马人有丰富的政治经验，也有十分复杂的不成文宪法，但是，除了市政管理体系，他们对政府管理艺术和宪法并无永久性的贡献。是英国人，在没有罗马先例的情况下，制定出了现代国家宪法。罗马人的集会对立法没有起到指导作用。后世政治家也并不赞同共和国的二人执政官制度。罗马共和国元老制中唯一一个值得赞扬的特点，即在元老院中为前执政官留席位，也没有为现代宪法制定者所采纳，尽管詹姆斯·布莱斯在评价美国联邦体制时说，他们本来是打算这样做的，以促进立法体系中上议院的建立。

第三节　社会生活

193.教育

共和国时期没有公立学校，教育是私人的事情。帝国的早期流行一种混合的体系，既有公立的学校，也有私立的。后来，教育则完全处于国家监管之下，教师的工资通常由地方政府支付，有时也由帝国的金库出钱。

教师的职业在帝国后期极受尊崇。教师被免除了许多公共的负担与义务，甚至被赋予传令官和保民官一样不可侵犯的权利。

比起希腊人，罗马年轻人接受的教育更为实际一些。《十二铜表法》是要牢记的；特别注重修辞和演讲，因为掌握公共演讲的艺术是有政治雄心的罗马公民一项不可或缺的技能。

征服希腊后，罗马与希腊的关系更近了。罗马年轻人学习希腊语，有时甚至忽略了自己的母语；我们听见监察官加图抱怨他那个年代的年轻人说母语前先学会了希腊语。名门出身的年轻人通常去希腊完成自己的学业，就像美国的毕业生经常去欧洲一样。许多罗马最有名的政治家，像西塞罗和恺撒，都深深受益于在希腊的学习。

194.妇女的社会地位

结婚之前，女人都是东方式的深居简出。婚姻给了她们一定的自由。她们可以出席圆形竞技场的比赛，去剧院看演出——这些都是婚前所不允许的。

罗马早期，世风淳朴，妻子和母亲在家庭中享有尊贵而稳定的地位，离婚十分鲜见；据说，到公元前231年之前，尚无先例。但是，到了后期，女子的地位开始下降，离婚变得普遍起来。丈夫有权因为微不足道的原因或没有任何原因与妻子离婚。这种对家庭关系的枉顾绝对是罗马堕落的原因之一。

195.公众娱乐；剧院和竞技

剧场的文娱演出、圆形竞技场的赛事和露天竞技场的格斗是罗马人的三种主要公共娱乐活动。总体而言，这些娱乐活动随着自由的削弱而变得越来越多，各种娱乐场所的盛大节日庆典代替了共和国的政治集会。从某种意义上来讲，帝国统治下的公众娱乐是皇帝对公民交出公共事务参与权的补偿；民众也乐于接受这种交换。

悲剧在罗马不受推崇；人们在竞技场看了太多真实的悲剧，不喜欢舞台上演绎的悲伤故事了。剧院的娱乐形式一般是喜剧、闹剧和哑剧。最后一种最受欢迎，因为剧场太大，不可能让全部观众都听见声音，而且罗马有那么多民族，身势语是唯一所有民族都懂的语言。几乎从一开始，罗马的戏剧就是粗野不道德的。它是摧毁罗马原本淳朴道德风尚的主要媒介。比剧院更受欢迎、更重要的另一种娱乐便是竞技场上的各式各样的赛事，尤其是战车比赛。

196.动物角斗

拥有恐怖的魅力、远超其他公共娱乐形式的是动物角斗和圆形竞技场上的角斗士表演。

角斗的动物来自世界各地，以昂贵的费用运到罗马和帝国的其他城市，有北欧荒野来的熊和狼，苏格兰来的凶猛的野狗；非洲来的狮子、鳄鱼和猎豹；亚洲来的大象和老虎。这些动物互相以能想象的各种方式缠斗，竞技场上经常一片混乱。但是，即使这样的可怕场面，最后也不能激起罗马人的兴趣了，观众需要一种新的娱乐方式。这就是角斗士格斗。

197.角斗士的搏杀

角斗表演起源于伊特鲁里亚，然后流传至罗马。早期的伊特鲁里亚人在战士的墓前屠杀俘虏，认为这样的鲜血献祭会让死者的亡灵高兴。后来，俘虏被允许互相搏杀，这样比直接的冷血杀戮更人道一些。

罗马第一次角斗表演发生在公元前264年两个儿子给他们的父亲举办的葬礼上。这次表演是在广场上举行的，因为当时还没有用于角斗的露天竞技场。从那以后，人们对这种娱乐活动的爱好与日俱增，帝国初期的时候则变成了一种迷恋。现在要满足的不是死人的灵魂，而是活人的精神需求了。一开始，角斗士是奴隶、俘虏或者判了死刑的囚犯；但到最后，骑士、元老甚至女人只要愿意都可以下场。在罗马、卡普亚、拉韦纳等地还有专门的训练学校。自由民卖身给这些学校的所有者，各阶层混不下去的人们以及花光了家产的贵族败家子，都群起效仿。奴隶和罪犯被鼓励精通这门技艺，因为如果他们数年后能在角斗场上活下来，就可以获得自由。

有时候，角斗士会两人对决，他们会用战车、骑马或徒步——以所有士兵在实战中用到的方式。他们用长矛、剑、匕首或三叉戟等各种武器。有些带着绳子或索套，在杀死敌人之前用来勒住他们。

角斗士

通常，受伤角斗士的命运掌握在观众的手里。他可以伸出食指表示乞求怜悯，如果观众挥舞手帕或者大拇指朝上，则表示这个角斗士可以活下去；不过，如果他们大拇指朝下，就是让胜利者给失败者致命一击。有时候，人们会用烧红的铁去刺激那奄奄一息的人，让他继续起来战斗。死者被铁钩子拖出场外，就像对待动物的尸体一样，然后用干沙掩埋血迹。

这些表演如此受欢迎，其风头完全盖过了竞技场和剧院的演出。人们为了不同的目的而举行这些娱乐活动。野心勃勃的政治家和军事统帅为了讨好民众而安排这种精彩表演；执政官在公共节日时也会举行这些活动；大家族的首领举办这种活动则是为了“取得社会地位”；富有的公民把它当作时髦宴会不可或缺的一部分；孩子们模仿大人的行为，也会玩类似的游戏。

共和国后期，具有野心的领导人之间的竞争无疑会增加角斗士表演的次数，因为这是取得民心的保证。当然，特大规模的表演只能由皇帝来举行。提图斯为了庆祝弗拉维圆形竞技场的建成，举行了100多天的表演，大多数是角斗士的格斗。图拉真凯旋式上的表演时间更长，1万多名角斗士在竞技场上搏杀，1万多只野兽被屠戮。[①]

198.奢靡

我们用奢靡一词指代罗马人奢侈放纵的生活。这个恶习在罗马早期几乎是见不到的。早期罗马人有勤俭节约的习惯，像马尼乌斯·库里乌斯·登塔图斯（第77条）一样，他们满足于贫困的生活，视富贵如浮云。

然而，共和国后期，随着对东方的征服以及共和国后期腐败的行省制度的发展，罗马社会发生了很大的变化。统治阶级以不正当手段迅速积累了巨大的财富，罗马进入了一个奢靡生活的时代，其奢侈程度在世界上其他的首都都是闻所未闻的。这种奢侈在共和国的最后一个世纪和帝国的第一个世纪里达到顶峰。财富从未像这一时期的罗马一样被滥用。人们普遍暴饮暴食、沉迷赌桌。

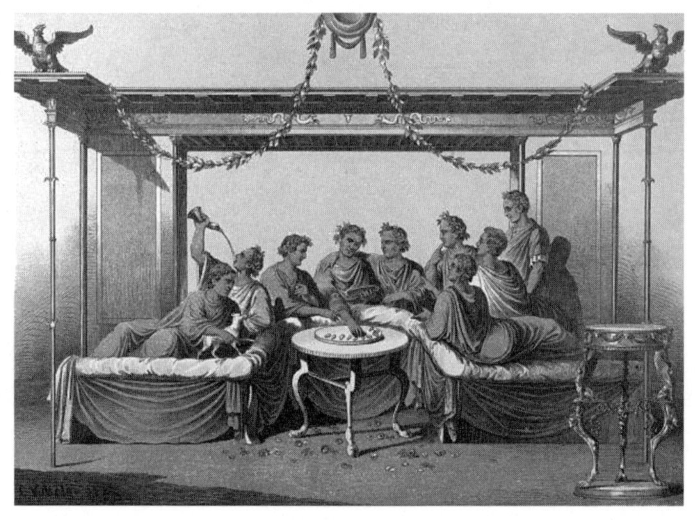

半圆形餐椅

199.国家分发粮食

国家分发粮食是罗马生活的重要特点。这一有害的做法源于盖约·格拉古（第88条）。帝国建立前夕，有30万罗马公民领受了这一国家福利。在安敦尼时代，这

---

① 关于角斗士表演被废除，参见第165条。

一群体继续扩大。粮食的来源主要是非洲和其他产粮行省的进贡。到了3世纪，除了粮食，国家还分发油、酒和猪肉。

这种国家赈济是错误的，它的恶果不可低估。人们整日无所事事，衍生出许多其他的罪恶，我们有足够的理由认为，这种福利是导致罗马社会道德败坏的主要原因。

200.奴隶制

共和国后期和帝国早期，罗马的奴隶数目都非常庞大，据估计和自由民的数量一样多。有些大财主拥有的奴隶达到2万之巨。富有的罗马人极爱排场，这导致家庭内部服务部门繁复，奴仆众多，每个奴隶负责不同的工作。一种称为"鞋奴"，专门负责打理主人的拖鞋；还有"记名者"，其唯一的职责就是记住别人的名字，然后跟着主人出门时提醒主人。奴隶的价格从几美元到1万或2万美元不等——当然，后者是很少见的。希腊奴隶最昂贵，因为他们有学识，可以做一些需要有一定才能的工作。擅长医术或有其他专业技能的奴隶可以出租或放归自由，只要他们把收入的一部分上交前主人即可。

就像当年希腊一样，奴隶来自战争或绑架。亚洲或非洲的一些偏远地区，几乎被奴隶贩子弄得人口荒芜。无钱交税的人被卖做奴隶，有时，穷人将自己卖掉。

瓦罗（Varro）曾把奴隶比作"会说话的农业生产工具"，监察官加图也建议奴隶主把年老的奴隶卖掉，以节省供养他们的支出（第77条），共和国后期，人们对奴隶这一不幸阶层的态度可见一斑。病入膏肓的奴隶被送到台伯河的一个小岛上自生自灭。很多时候，奴隶都是戴着镣铐劳作，睡在地下的监牢内，以防他们逃跑或反抗。残酷的虐待带来的是入骨的仇恨，就像一句有名的谚语所说："有多少个奴隶，就有多少个敌人。"共和国时期的奴隶起义也证明了这一点。

帝国时代，奴隶的境遇稍好一点——这要归功于斯多葛学派和基督教。从帝国的第一个世纪开始，对奴隶的人道主义情感明显上升。帝国不允许主人杀死奴隶或卖做角斗士，甚至也不能虐待奴隶。基督教的牧师鼓励释放奴隶，宣称这是主人的善行。

201.奴隶制向农奴制转变

除了哲学和宗教，其他社会经济因素也对奴隶境遇的改善起了作用，逐渐把残酷的奴隶制度变成了更柔和一些的农奴制度。农奴制是整个中世纪社会生活的特征。我们已经看到了帝国中期原本的自由民是如何被捆绑到土地上变成佃农的（第148条）。在这些农业自由民陷入半奴役状态时，罗马大地主的奴隶被给予了庄园的一小块土地，以与那些半自由民相似的状态耕种这片土地。很快，只要他们以农作物或劳动的方式交租，就能永远保有这土地且传给子孙。西部罗马帝国解体时，这种变革进一步发展，随着野蛮人的入侵加快了其步伐，到7或8世纪时差不多完成了。从前的奴隶现在成了农奴。他的命运或许依然凄惨，但已经有了不少的收获。他不仅仅是别人的财产了——不能买也不能卖，他不必与家人分开，他可以有休息日，他可以积累一些财产，他获得了一部分人权。

这场伟大的变革逐渐、静悄悄地发生着，它比任何改变都能够代表古代世界向中世纪的转变，它宣告了西欧历史上新的历史时期的开始。

04

第四阶段

日耳曼 - 罗马时代或转型时代

476—800

第十二章　野蛮人王国

在西部罗马帝国解体的部分，我们讨论过一些关于日耳曼部落迁徙和定居的内容。这一章我们将会简要地叙述在帝国解体之后的两个世纪里，日耳曼人在旧帝国不同部分建立的主要王国的政治命运。

202.东哥特人王国（493—554）

人们将会记得奥多亚塞是废掉最后一位西部罗马帝国皇帝的野蛮人首领（第174条）。他在意大利的软弱统治只维持了17年就被狄奥多里克领导的东哥特人结束了，狄奥多里克是东哥特人的伟大领袖，他在意大利建立了东哥特王国。

狄奥多里克统治的33年里（493—527），意大利经历了安敦尼时代以来最为平静繁荣的时光。国王实现了他的诺言，那就是他的统治会让人遗憾“哥特人没有早一点到来”。他努力保护罗马文明，修复了罗马的道路，重建了帝国残破的纪念碑，并尽量维护罗马的法律和风俗。

伟大的狄奥多里克建立的王国在他死后又持续了27年。[①] 东部皇帝查士丁尼趁机派军队结束了野蛮人的统治。最后一个东哥特国王战死疆场，意大利带着她惨遭蹂躏的国土和城市的废墟，再一次短暂地与东部合并在了一起（544）。[②]

① 狄奥多里克的得力助手是卡西奥多罗斯，一位出生于罗马的政治家和作家，他不断地努力，希望把征服者和被征服者联合起来，从而在意大利建立一个在东哥特王室统治下强大而永久的罗马-日耳曼国家，可惜他的努力失败了。

② 参见第238条。

203.西哥特王国（415—711）

西部的罗马帝国政府被奥多亚塞及其同伴终结的时候，西哥特人已经占领了高卢南部和西班牙的大部分地区。他们被法兰克国王赶到了比利牛斯山以南，但是，对西班牙地区的占领却一直保持到8世纪初被萨拉森人（Saracens）打败为止（第249条）。至此，西哥特王国已经持续了300年的时间。其间，征服者与西班牙之前已经罗马化的居民彼此融合在了一起，所以，今天西班牙人的血管里流淌着伊比利亚人、凯尔特人、罗马人和条顿人，以及最后的入侵者非洲摩尔人（African Moor）的血液。

拉韦纳狄奥多里克的陵墓

204.汪达尔王国（429—533）

我们已经讲过汪达尔人在北非建立的王国，以及他们如何在国王盖萨里克的率领下，满载从罗马劫掠的珍贵战利品，驾船顺着台伯河而去（第173条）。

汪达尔人是阿里乌斯派教徒，所以，他们疯狂地迫害正统基督教徒。在非洲天主教徒的恳求下，东部皇帝查士丁尼派遣贝利萨留（Belisarius）将军把野蛮人从非洲驱逐出去。远征成功了，迦太基和富饶的非洲土地历经100多年野蛮人的统治后重归帝国。留下来的汪达尔人逐渐融入了罗马人之中，历经几代之后，无论是从非洲沿岸居民的外表、语言还是风俗习惯上都看不出野蛮人的痕迹了。汪达尔民族消失了，只留下了它的名字。

205.墨洛温王朝统治下的法兰克人（486—752）

罗马灭亡前很久，法兰克人就已经定居在高卢的土地上了（第170条），他们在那里奠定了法兰克民族和君主制的根基。该部落这一时期的首领是克洛维（Clovis）。西部罗马帝国灭亡时，克洛维满怀野心，希望在罗马的废墟上建立一个王国。他袭击了高卢北部在野蛮人控制之外地区的罗马总督西格里乌斯（Syagrius），并在苏瓦松（Soissons）取得了决定性的胜利（486）。至此，恺撒500年前在高卢的野蛮人中建立的势力残余被彻底消灭了。

克洛维在短时间内把他的势力延伸到了高卢的大部分地区，原来的日耳曼诸部落沦为附庸。临死前（511），克洛维广阔的王国依据古日耳曼继承法被分给了他的四个儿子。此后，经过150年的纷争，墨洛温王国（Merovingians）[①]变得十分虚弱腐败，人们轻蔑地称呼他们的国王为“懒王”（Do-nothing Kings），王位的觊觎者“宫相”（Mayor of the Palace）以一种我们后面将会解释的方式，把软弱的墨洛温国王赶下台，并开始了法兰克王国的另一个世系——加洛林王朝（Carolingian）的统治。

206.伦巴第王国（568—774）

东部皇帝查士丁尼把意大利从东哥特人那里收复过来仅仅10年（第238条），半岛的大部分土地又重新落入了另一个野蛮人部落伦巴第的手里。刚到意大利时，伦巴第人是阿里乌斯派教徒，然而，他们后来改信了正统天主教，教皇格里高利一世赐予其国王以“铁王冠”——因为王冠里面熔入了一颗基督受难十字架上的铁钉。

伦巴第王国于公元774年被最著名的法兰克统治者查理大帝摧毁。但是，入侵者的血脉与帝国的遗民融为一体，今天半岛上的这一地区依然被称为伦巴第，在这里你有时会看见金色头发、白皙皮肤的人，那便是日耳曼血统在今天居民身上的体现。

伦巴第人征服意大利的一个重要结果就是破坏了罗马人建立的政治统一，使国家变成了多个较小的政权。这是因为征服的不完整性和伦巴第王朝的封建属性，它是由各个独立的小国组成，不像是一个真正的王国。

207.不列颠的盎格鲁-撒克逊人

我们已经提及，在罗马衰亡时期，盎格鲁-撒克逊人是如何在不列颠扎下根的（第170条）。6世纪末，入侵的日耳曼人建立了8到9个，或者更多个国家——这就

---

① 原来的墨洛维格部落。

是通常所说的“七国时代”（Heptarchy），但“七国”不是准确数字。200年间，诸国为了争夺最高统治权，纷争不断。最终，韦塞克斯（Wessex）国王埃格伯特（Egbert）（802—839）统一诸国，尽管埃格伯特似乎从来没有真正获得英格兰国王这一头衔，但他才是真正的首位英格兰国王。

208.帝国境外的日耳曼诸部落

我们现在已经讲述了强行进入西部罗马帝国境内的最为重要的日耳曼部落，在那儿，他们在自己颠覆的帝国的废墟之上，奠定了今天意大利、西班牙、法兰西和英格兰民族国家的基础。在旧帝国的境外仍然有类似的其他部落——它们注定要在欧洲历史上扮演重要角色。

莱茵河东面是现代德国人的祖先。尽管大批日耳曼人穿过森林、越过沼泽进入了罗马，但他们故乡的西部[①]依然像大移民之前一样拥挤。这些部落在文化上是野蛮人，在宗教上大部分是异教徒。欧洲的西北部是斯堪的纳维亚人，是今天丹麦人、瑞典人和挪威人的祖先，他们没有受到罗马宗教和文明的影响。

① 斯拉夫人已经进入了德意志东部。

第十三章　教会及其制度

第一节　野蛮人的皈依

209.引言

在日耳曼部落的历史中，占领西部罗马帝国最为重要的事件就是他们的基督教化。许多野蛮人在进入罗马前后就皈依了基督教；这使得罗马的很多地方免于残酷的蹂躏，蛮族异教徒很少会饶过其他被征服的民族。阿拉里克没有动罗马基督教会的财产，因为他本人也是个基督徒（第167条）。汪达尔首领盖萨里克会同意教皇利奥的请求并饶过罗马人的性命也是同样的原因（第173条）。意大利、西班牙和高卢的命运比起不列颠来，不那么悲惨，也主要是因为野蛮人在进入罗马前就皈依基督教，而撒克逊人进入不列颠时却依然是野蛮的异教徒。

210.哥特人、汪达尔人和其他部落的皈依

罗马境外首先皈依基督教的是哥特部落。乌尔菲拉是他们中的先驱使徒，他把圣经翻译成了哥特语，但是，却省略了《列王记》，因为他怕这一部分中对战争的描述会点燃新皈依者的好战热情。

其他参与推翻西部罗马帝国的蛮族情况都跟哥特人的情况差不多。罗马陷落时，哥特人、汪达尔人、苏维汇人，还有勃艮第人，都皈依了基督教。不过，他们信仰的却是阿里乌斯派，这一教派在君士坦丁大帝时代的尼西亚会议上受到批判（第154条），所以，他们被天主教会认为是异端，都得重新皈依正统教派。皈依

的过程虽然缓慢，但却圆满地完成了。

我们要说的其他日耳曼民族——法兰克人、盎格鲁-撒克逊人，以及德意志人——从一开始信仰的就是正统天主教。

211.法兰克人皈依基督教

就像盎格鲁-撒克逊人进入英国时一样，法兰克人初入帝国时也是异教徒。基督教在他们中间的发展，一开始十分缓慢，直到有一次人们相信基督教的神帮助了他们，才让这个民族和他们的国王放弃旧的信仰，皈依基督教。传说是这样的：在一次和阿勒曼尼人（Alemanni）的激烈战斗中，法兰克人陷入了绝境。国王克洛维跪倒在地，求告于基督教的上帝，发誓若取得胜利就会皈依基督教。法兰克人最终胜利了，克洛维忠于他的誓言，与他的3000名武士一起受洗成为基督徒。

克洛维和他的法兰克人皈依基督教的故事反映了野蛮人相信预兆和神明的庇佑，如果神不能给予所要求的东西，他们有权改信别的神，这是他们皈依基督教的原因之一。这个故事也说明，接受新的宗教不是个人的事情，而是一个部落或者民族的事情。

212.法兰克人皈依的重要性

“法兰克人的皈依，”历史学家米尔曼（Milman）说，“无论对当时还是后来的欧洲，都有重要的影响。”因为法兰克人信仰正统的天主教，其他日耳曼入侵者信仰的是异端阿里乌斯派教义。这使得法兰克人获得了罗马人的忠诚和教会的支持，为法兰克国王取得优势地位奠定了基础。

213.奥古斯丁英格兰传教

公元596年，教皇格里高利一世（Pope Gregory I）派遣修士奥古斯丁带领40人去不列颠传播基督教信仰。他在罗马的奴隶市场上看到了几张来自遥远国度的漂亮面孔，便开始对这个民族产生了兴趣。

修士在英格兰人中深受欢迎，人们认真地倾听这些陌生人的故事，并信服了，他们烧掉了供奉沃登（Woden）和托尔（Thor）的神殿，大多数都受洗成为基督徒。

不列颠皈依的一个重要影响，就是重续了因5世纪混乱而中断了的与罗马文明的联系。

214.爱尔兰的皈依

对爱尔兰的精神征服是一个名为巴特利西乌斯（Patricius）的热情牧师完成的（约死于469年），他被人们称为圣帕特里克（St. Patrick），是爱尔兰的守护神。他的努力取得了巨大的成功，到他去世时，岛上的居民大部分已经皈依基督教了。从来没有哪一个民族以如此炽热的感情拥抱福音，凯尔特教会派出了最虔诚的传教士进入皮克特高地，进入德意志森林，进入阿尔卑斯山和亚平宁的荒原。

在凯尔特传教士所建立的诸多宗教组织中，最有名的是公元563年由爱尔兰修士圣科伦巴（St. Columba）在皮克特沿岸的爱奥那（Iona）小岛上建立的修道院。爱奥那岛成为基督教著名的知识和传教中心，在近200年的时间里照亮了周围异教的黑暗。

215.德意志的皈依

德意志部落的皈依主要得益于凯尔特、盎格鲁-撒克逊和法兰克传教士的努力。德意志的伟大传教者是撒克逊人温弗里德（Saxon Winfrid），以圣波尼法爵（Saint Boniface）为人所知。他生于公元688年，在漫长而忙碌的一生中建立了许多学校和修道院，组织教会，传教并主持洗礼，最终于公元753年殉道。米尔曼说，通过他，撒克逊人对英格兰的入侵又回流到了欧洲大陆。①

216.异教徒对基督教的反作用

就这样，帝国的征服者被基督教征服了。但我们得承认，这场胜利更多是名义上的，而非事实上的。教会不可能一次性地教化众多的异教徒。在他们被称为基督徒的很长一段时间里，粗野残暴又顽固迷信的野蛮人对基督教义知之甚少，且不具有真正的基督教精神。这种日耳曼的野蛮状态对教会的消极影响无疑应在很大程度上归因于中世纪大部分时期里欧洲可悲的道德状况。

---

① 斯堪的纳维亚人、东部斯拉夫人，还有匈牙利人的皈依比我们讨论的这一历史时期要晚些。

著名的爱奥那修道院遗址

如果一个人在马拉松平原上没有感受到对国家的热爱，如果一个人在爱奥那遗址上没有感受到对宗教的虔诚，那他就不值一提。

——约翰逊博士

第二节　隐修制度的兴起

217.隐修制度的定义；“隐士之父”圣安东尼

在第3至第6世纪之间，隐修制度在教会中发展起来。这种体系非常引人注目，对中世纪和后世都有着深远的影响，所以我们要了解一下它的精神和目标。

隐修制度，从广义上来讲，指的是一种简朴克己、离群索居的生活，意在修炼灵魂。按照这个定义，它主要包括两种人：（1）隐士或隐居者，即离开俗世，在无人烟的地方独自居住；（2）修道士或修士，这些人在一个屋檐下过群居生活。

圣安东尼是一位埃及苦行者（约出生于公元251年），他的身体力行和广泛影响让很多人对隐修有了巨大的热情，人们称之为“隐士之父”。亚他那修（Athanasius）著书描写了他一生的传奇，在基督教世界的反响很大，成千上万的人效仿圣人抛却红尘，远避沙漠之中。据估计到4世纪末时，埃及很多地区沙漠里的人口几乎和城市一样多。

218.西方的隐修制度

4世纪时，为气候温和的东方尤其是埃及，所喜爱的禁欲主义的隐修逐渐变成了修道院制度；也就是说，某位有名的隐士吸引了诸多的追随者，他简陋的茅棚或小屋成了修道院的核心。

隐修制度在东方建立后，很快就被引进到了欧洲，在很短时间内遍布已经有了基督教根基的西方国家。修道院内几乎是完全的隐居生活。一时间，修道院遍布各地。西部罗马帝国的覆亡和野蛮人的进攻使得逃亡到修道院的人数剧增。

219.圣本笃（St. Benedict）会规

为了让修士的隐修和苦行更为规范，在隐修制度兴起的早期便设立了一些规则供他们遵守。其中，修士的三个最基本要求就是绝财（Poverty）、绝色（Chastity）、绝意（Obedience）。

最伟大的修士立法者为努西亚的圣本笃（480—543），位于罗马和那不勒斯之间著名的卡西诺山（Monte Cassino）修道院的建立者。对于宗教界而言，其会规的重要性相当于查士丁尼的《民法大全》（第192条）对于欧洲社会的重要性。会规中的很多规定都是十分明智和实用的，比如，其中一条规定体力劳动是神圣的义务，另外一条要求修士每天必须花一定的时间读经文。

遵守圣本笃会规的修士被称为本笃会修士。这一会规十分受欢迎，一度有4万座修道院奉行该会规。

220.修士对文明的贡献

教会建立的修道院体系给脱胎于旧世界、正在成形的新世界带来了福利。修士，尤其是本笃会（Benedictines）修士，成了农耕者，他们在王公大臣赠予的满是沼泽的蛮荒之地上精耕细作，把它们变为良田，拯救了欧洲一些最荒芜的地区。总之，修士是文明开拓进取的先驱者。

修士还是传教士，他们的热情和奉献使得教会迅速地赢得了蛮族的皈依。

修道院安静的生活不仅孕育了虔诚，也促进了教育。修士成了教师，并在修道院的支持下建立了学校，这些学校是中世纪早期教育的发源地，也是几个世纪中欧洲精神生活的中心。

修士还是抄写员，经过艰苦的努力，他们收集并抄写了古代的手稿，从而为现代人保存了大量的经典学术著作和文学作品，使它们不致佚失。几乎所有的希腊和拉丁经典都是经由修士之手流传至今的。

再就是，修士为富人和虔诚者布施，救济穷人和有需要的人。修道院对老病之人，对厌倦生活之人敞开大门。总之，修道院是中世纪的避难所、旅店和医院。

一位修道士抄写员

第三节 教皇权力的崛起

221.帝国中的帝国

罗马灭亡之前很久，在其内部就有一个宗教之国，在组织和管理体系上都与帝国的模式别无二致。这个精神王国和世俗王国一样等级森严，其中包括助祭（Deacons）、牧师（Priests/Presbyters）和主教（Bishops）等各级执事人员。主教们组成了主教团（Episcopate），有四个等级：区主教（Country Bishops）、市主教（City Bishops）、都主教（Metropolitans）或总主教（Archbishops）及宗主教（Patriarchs）。4 世纪末时，共有五个宗主教区（Patriarchates），分别以罗马、君士坦丁堡、亚历山大、安条克和耶路撒冷这五大城市为中心。

在所有宗主教中，罗马宗主教的地位被公认是最尊贵的，进而在权威性和管辖权上获得了优先地位，这一点也同样得到了广泛承认。8世纪末期，大部分基督教世界里已经形成了一个稳固的宗教王国。

除了那些坐上了圣彼得位置的大人物——比如教皇利奥一世（Leo the Great）、格里高利一世（Gregory the Great）和尼古拉斯一世（Nicholas I）——的影响，还有其他各种历史因素使得罗马主教的权力得以实现。在接下来的讲述中，我们会大体看一下这些有利的因素。这些事件在教皇权力的崛起与发展过程中至关重要。

222.对圣彼得（St. Peter）及其建立罗马教会的信仰

人们相信，主给予使徒彼得至高无上的权力。人们还相信，彼得建立了罗马教会并在尼禄的暴政下殉难了。

这些信念和解释让罗马主教成为了彼得的继承者，大大提高了他们的声誉，证实了他们权力的合法性，使他们比其他教会组织享有更大的权威。

223.处于世界政治中心的地理位置

在最初几个世纪里，罗马主教的主张极大地得益于罗马帝国良好的名声和威望。从那时起，人们已经习惯于在所有世俗事务上接受罗马的命令；自然而然，人们也习惯于在超世俗事务上接受其命令和指导。

所以，占据世界地理和政治中心的罗马主教便享有所有其他主教和宗主教不曾享有的巨大优势。在数百年的时间里，聚集在这座永恒之城周围的光辉，自然也赋予基督教主教头顶以光环。

224.帝国迁都君士坦丁堡的影响

帝国赋予的优势并没有因为这座城市不再是帝国首都而消失。戴克里先和君士坦丁迁都东方并没有削弱罗马主教的权力和荣耀，相反，他们的离开让主教成了罗马最重要的人物。

225.牧师成为罗马的保护者

蛮族入侵是罗马主教扩大他们影响和权威的另一个时机。罗马的困境是他们的机会。我们还记得虔诚的教皇利奥是如何让凶恶的阿提拉撤军并饶过帝国首都的

（第167条）；还有公元455年，又是这位教皇在一定程度上平息了汪达尔王盖萨里克的怒火，从野蛮人的暴行中保护了全城居民（第173条）。

因此，当皇帝作为罗马理所当然的守卫者却无法保卫都城时，手无寸铁的牧师却通过神职赋予他的敬畏与威望尽力而为其难为之事，结果便为罗马教廷带来了更多的荣誉与权威。

226.西部罗马帝国的灭亡对教皇权力的影响

如果说帝国的不幸给罗马主教带来了名望和影响力，那么西部帝国最终的灭亡也起了同样的作用。

因此，当帝国的皇庭东移时，罗马主教成了西欧最重要的人物，而且，因为君士坦丁堡的皇庭如此遥远，他们便逐渐拥有了帝国的权力。他们是野蛮人首领和意大利人之间的仲裁者，城市间、国家间、国王间的纷争也交由他们来处理。特别是西部其他地区的主教，在与阿里乌斯派野蛮人起冲突时，也向罗马寻求建议和帮助。这些事情对罗马主教权力和影响力的加强所起的作用是显而易见的。

227.罗马的使团

早期，罗马教会派出大量传教团，这让它成为地方诸教会之母，这些教会组织对它充满感激，十分忠诚。所以被罗马传教士教化的盎格鲁–撒克逊人对它满怀尊敬，是罗马教会忠实的儿女。不列颠基督徒经常去罗马朝圣将他们的彼得便士（Saint Peter’s Pence）送去作为贡金。当撒克逊人作为传教士去教化欧洲大陆上的亲族时，他们也把这同样的情感带给了德意志人。

228.安条克、耶路撒冷和亚历山大落入萨拉森人之手的影响

7世纪时，所有东方的主要城市都被穆斯林占领了[①]。这对罗马教会来说，有着重要影响，因为在这些城市里都有一个，或者本来都有一个竞争者。安条克、耶路撒冷和亚历山大从基督教世界的地图上消失，意味着罗马教会只有君士坦丁堡一个对手。基督世界的不幸反而增强了罗马主教的权威。

---

① 参见第十六章。

229.教皇成为世俗君主

8世纪时，东方的希腊教会和西方的拉丁教会之间爆发了一场关于圣像崇拜的争论，在教会史上称为“圣像破坏运动”①。这场争论的长期后果使罗马教会的权威得到了增强。

公元716年成为拜占庭皇帝的伊苏利亚王朝的利奥三世是位狂热的圣像破坏者。东方希腊教会的圣像被破坏殆尽，皇帝还发誓要清除西部拉丁教堂里的这些“偶像崇拜的象征”，为此颁布了一项法令，禁止使用圣像。教皇格里高利二世作为罗马主教，不仅反对该法令的执行，还发布教令将东部皇帝开除教籍，从而切断了东部所有破坏圣像的教堂与正统天主教会的一切联系。

在这场与东部皇帝的论争中，罗马大主教与加洛林王朝的法兰克君主结成了同盟，我们会在后面大致讲一下这个过程（参见第十七章）。这是难得一见的患难之交。教皇帮助丕平家族的后裔成为国王和皇帝；知恩图报的法兰克国王帮助教皇抵御所有的来犯之敌，不管是东部的，还是蛮族的，并为其献土，为建立教皇的世俗权力奠定了基础。

这就是教皇权力崛起的大致过程。其影响比其他任何制度都深远，注定要在整个中世纪决定西欧基督世界的命运。

---

① 反对崇拜圣像者意为“圣像破坏者”。

第十四章　拉丁民族与日耳曼民族的融合

230.引言

野蛮人的皈依、教皇中央集权制的发展使得北欧民族学会了罗马人的文化和艺术，加快了意大利、西班牙和高卢境内的拉丁和日耳曼民族融合。这一章我们将讨论这些进程中的重大事件。我们将讲述这两个民族是如何在罗马帝国的旧土上融合他们的血统、语言、律法、风俗，并形成新的民族、语言和制度。

231.罗曼民族

在很长的一段时间里，蛮族和罗马人在一些地区都处于对立状态，彼此心怀怨恨，一方面觉得饱受伤害，另一方面又对对方怀有轻蔑的优越感。然而不久，意大利、西班牙和法兰西境内说拉丁语的居民和日耳曼入侵者又开始通过通婚的方式进行了血统的融合。

很难统计日耳曼人跟罗马人通婚的比例，当然，这个比例在各个国家是不一样的。但任何一个国家都没有大到足以吸收拉丁化的野蛮人，相反，是野蛮人自己通过改变自身以适应新的环境，从而达到自我融合。所以，到4世纪末，意大利、西班牙和法国的一切——住宅、城市、服饰、语言、法律、士兵——都有着罗马帝国的痕迹。后来，更大的改变发生了。野蛮人涌入进来。一时间，举目所及，在拥挤的街道和市场上，剧院里、宫廷里，粗鲁的日耳曼征服者和前罗马帝国的居民一起跪在教堂里祈祷。大概至9世纪末，两者就相当紧密地融合在一起了；再过一两个世纪，罗马人和日耳曼人都消失了，变成了意大利人、西班牙人和法兰西人。这些民族被称为罗曼民族（Romance nations），因为他们本质上都是罗马人（Roman）。

232.罗曼语族的形成

西班牙和高卢的原住民在被罗马征服的5个世纪里，逐渐忘掉了他们原本的语言，开始说一种不那么标准的拉丁语。现在，就如高卢的凯尔特部落和西班牙的凯尔特伊比利亚部落改说更高雅的罗马语言一样，日耳曼人粗蛮的语言也为更高雅的拉丁语所代替。在野蛮人进入帝国的两三个世纪里，哥特人、伦巴第人、勃艮第人和法兰克人都在很大程度上放弃了母语，改说被他们征服民族的语言。

当然，这种拉丁语在不同民族的口中也经历了巨大的变化。由于缺乏共同的通俗文学，在一个国家里发生的变化不一定会发生在另一个国家。所以，随着时间的推移，我们发现不同的方言纷纷涌现。到9世纪时，拉丁语作为一种口语已经不存在了，它已经为意大利语、西班牙语和法语所替代——这几种语言都或多或少地与古拉丁语有些相似，因此被称为罗曼语，因为它们都是从古罗马语衍生而来。

233.野蛮人的法律

日耳曼部落在进入罗马帝国前没有成文法。但是，在进入帝国后，他们开始模仿罗马人，把自己的规则和风俗以法律形式固定下来。在一些国家，特别是西班牙和意大利，这项工作是在神职人员的监督下进行的，所以，这些国家日耳曼民族的法律是一种罗马法和野蛮人风俗习惯的混合。然而，总体来说，这些早期编纂的法律——它们大都是在6至9世纪之间完成的——并不是完全模仿罗马人，而是日耳曼人风俗、观念和社会生活的反映，具有很大的历史价值。

234.日耳曼人法律的属人特性

野蛮人的法律不像我们的一样是属地法，而是一种属人法。也就是说，不是一国的所有居民都遵守同样的法律，而是不同的社会阶层适用不同的法律。拉丁人适用罗马法典中的私人法，而日耳曼人适用他们从莱茵河和多瑙河一直伴随的部落规则和条例。一位历史学家很形象地描述了这种法律导致的奇特现象：“这种事情时常发生，”他说，“五个人一块坐或一块走，但是没有一个人会与其他人适用相同的法律。”

即使是在日耳曼人内部，也没有法律面前人人平等一说。对罪犯施加的惩罚不是依据他犯罪的性质，而是依据他或受害人的阶层来决定。所以，农奴或奴隶会因小错而遭受重罚或被处死，自由民犯罪则只需赎罪即可，哪怕是杀人罪。他们可以交付罚金，其数量取决于受害人所处的社会阶层。

235.神裁法

日耳曼人判定被告人有罪或无罪的媒介暴露出了他们的司法管理是多么原始。最常见的一种方法被称为神裁法（Ordeals），即问题被提交给神来审判，其中最主要的是火裁法（Ordeal by Fire）、水裁法（Ordeal by Water）和决斗断讼法（Wager of Battle）。

火裁法就是把一块烧红的热铁拿在手里，或是蒙着眼睛光脚走过一排不规则摆放的热犁头。如果这个人安然无恙，那就认为他是无罪的。另一种方式是跑过两个紧挨在一起的火堆，或者走过燃烧的木头。

水裁法有两种，即热水裁法和冷水裁法。热水裁法是被告人把胳膊伸到滚水里，如果三天后没有明显伤痕，他就是无罪的。冷水裁法中，被告人被扔进河流或池塘里，如果他漂起来了，他就是有罪的；如果沉底了，则是无辜的。人们相信水会拒绝有罪的人，而接受清白的人进入它的怀抱。

决斗断讼法是严肃的司法争斗。人们采用这种方式主要是因为相信上帝会把胜利赐予正义的一方。这很自然成了好斗之徒最喜爱的方式。甚至，宗教冲突也有用这种方法来解决的。

决斗断讼

神裁法经常由代理人来进行，就是雇人或有人愿为朋友代劳；所以有为某人“赴汤蹈火”一说。尤其在司法决斗中，代理人出现的情况更为常见，因为女性和神职人员一般都禁止出现在竞技场。

236.罗马法的复兴

现在，我们前面介绍过的蛮族法律体系——如果可以这样称之的话——在那些原本两者并行的国家里逐渐取代了罗马法，除了意大利和法国南部，那里的罗马人口占有明显优势。但是，罗马令人钦佩的法理最终证明了它的优越性。到11世纪晚期，以《查士丁尼法典》为代表的罗马法迎来了复兴，并在一二百年间成为所有欧洲各国法律系统的基础或者强有力的影响因素。

这可以参考日耳曼语在高卢、意大利和西班牙的命运。野蛮人的语言在坚持了两三个世纪后，最终让位给了更高雅的拉丁语，从而形成了今天罗曼语的基础。同样，尽管在法律领域，野蛮人的法则和风俗坚持的时间更长，但是最终也让位给了更为优秀的帝国法律体系，在所有提及的国家都是如此，只是程度多少罢了。罗马完成了她的使命，给予世界以法律。

第十五章　东部罗马帝国

237.查士丁尼时代（527—565）

汪达尔人洗劫罗马之后的50余年里（第173条），东部皇帝也不得不奋力抵抗时刻威胁着君士坦丁堡的野蛮人狂潮，生怕遭受西部同样的灾难。如果东部罗马帝国——希腊-罗马文化注定的千年守护者——也在这场风暴中灭亡，那给文明带来的损失则是无法估量的。

幸运的是，公元527年，东部的皇帝宝座迎来了一位极有能力的继承者，而且命运还给了他一位天赋异禀、在世界军事史上占有一席之地的将军。这位皇帝就是查士丁尼，将军是贝利萨留。这个时代也以这位君主的名字来命名，被称为“查士丁尼时代”。

238.查士丁尼：罗马帝国的恢复者和“文明世界的立法者”

查士丁尼统治时期的最重要事件就是“帝国的恢复”，即从野蛮人手中收复他们占据的几个西部行省。非洲，我们已经说过（第204条），是第一个从汪达尔人手中夺回的地方。然后是意大利重新成为罗马帝国的一部分（553）。除了这两个地方，查士丁尼还从西哥特人手中重新夺回了西班牙东南部。

比起军功，让查士丁尼的统治更加与众不同的是他颁布的《民法大全》。这部法典，我们前面已经了解（第192条），体现了古罗马的所有法律知识，是罗马留给世界的最珍贵遗产。查士丁尼因此赢得了“文明世界的立法者”的称号。①

---

① 查士丁尼还是世界著名的建造者。他重建了恢宏壮丽的圣索菲亚大教堂，这座教堂始建于君士坦丁大帝时期，但是却在一场暴乱中被烧毁。该建筑至今还在，只是拱顶上的十字架被换成了穆斯林的新月。它的内部装饰是最美丽的基督教艺术创造。

239.帝国希腊化

查士丁尼死后不到一代人的时间，我们下一章将会讲到的阿拉伯人就开始了他们惊人的征服过程，在短短的时间里彻底改变了东部帝国的面貌。

阿拉伯人占据了帝国那些最缺乏希腊元素的行省，从而使得皇帝的臣民在构成上更加一致，几乎全是希腊人。罗马元素消失了，尽管政府还保留着帝国特色，君士坦丁堡的宫廷却从语言、精神到礼仪都是希腊式的。因此，此后的许多历史学家都愿称它为希腊或拜占庭帝国，而不是东罗马帝国。

240.东部罗马帝国对欧洲文明的贡献[①]

东部罗马帝国对欧洲历史有着巨大的贡献，它是世界历史重要的一部分。

首先，它是欧洲文明的军事前哨，在1000年的时间里抵挡了亚洲蛮族的入侵。

其次，它是古典文明宝库的守护者，是西方新兴国家在法律、政治、管理、文学、绘画、建筑和工艺美术等方面的导师。

再次，它保留了帝国卓有成效的观念和主要原则，在查理大帝时期，又把这些东西送还了西部。没有东部罗马帝国，就没有西部的罗马-德意志帝国。（参见257条）。

最后，它是东欧斯拉夫人在文明和宗教方面的导师。俄罗斯得以成为当今文明世界的组成部分，实际上得益于新罗马的熏陶。

---

① 伯里，《罗马帝国后期历史》，第2卷，第14章。

第十六章　伊斯兰教的兴起

241.来自南方的对古典文明的进攻

我们讨论过来自北方的日耳曼人对罗马帝国的进攻并毁灭了整个西部罗马帝国。现在我们看一下来自南方阿拉伯半岛的、对东部罗马帝国相似的入侵。这种入侵夺去了皇帝治下的相当一部分领土。

242.穆罕默德之前的阿拉伯半岛的宗教状况

在穆罕默德之前，阿拉伯人是偶像崇拜者。他们的圣城是麦加。麦加有古老、神圣的天房克尔白①，这里保存着一块据说是天使赐给亚伯拉罕的神圣黑石。去麦加克尔白朝圣的人有的来自阿拉伯最偏远的地方。

尽管多神教流行，阿拉伯依然有其他信仰存在。犹太人被罗马统治者从巴勒斯坦驱逐后，大量地居住在阿拉伯半岛。从这些人身上，阿拉伯人熟悉了一神教的教义。他们从无数基督教皈依者的身上，学到了基督教教义。

243.穆罕默德

穆罕默德是阿拉伯人伟大的先知，约公元570年出生于圣城麦加。早年，他是牧羊人和守夜者，就像伟大的摩西（Moses）和大卫（David）一样。后来，他成了商人和赶驼人。

穆罕默德很早就对宗教进行了深入思考。他宣布，大天使吉卜利勒（Gabriel）

---

① 得名于其立方体的形状。

出现在他面前，并给予他神示，并命他转告给自己的同胞。他要传播的新信仰的基本原则便是：“安拉（Allah）是唯一的神，穆罕默德是安拉的使者。”

在很长的一段时间里，穆罕默德通过努力劝导来获得追随者；然而他到处被怀疑，3年后，也只有区区40个信徒。

麦加的克尔白天房

244.出逃麦地那（622）

穆罕默德的传教终于激怒了克尔白国家偶像的守护者中势力强大的一方，他们开始迫害穆罕默德及其信徒。穆罕默德出逃到了邻近的城市麦地那。圣迁（Hegira），发生于公元 622 年。穆斯林认为这是其宗教史上的重大事件，因而把这一年作为伊斯兰纪年的元年。

245.用剑来传播信仰

麦地那的人民拥护穆罕默德的信仰。穆罕默德现在既是立法者，又是精神导师和战士。他宣布，新的信仰必须靠剑来传播，这是神的意志。

出逃麦地那的第2年，他开始袭击和劫掠商队。圣战的火焰很快被点燃。来自各地的战士涌至先知旗下。他们相信，在与拒绝真理的人作战中死亡，会马上进入天堂乐土，这加剧了他们不顾一切的热情。穆罕默德举剑的10年内，麦加被征服了，新的信条在阿拉伯诸部中被广泛传播。

246.征服波斯、叙利亚、埃及和北非

穆罕默德死后一个世纪，先知的继承者哈里发[①]（Khalifa）们发起了一系列的征战。波斯第一个被征服，古兰经在曾经古拜火教燃烧的大地上流传开来。然后再从东部罗马帝国手中夺得叙利亚，占领整个小亚细亚。埃及以及刚刚从汪达尔人手中夺回的北非，也很快从拜占庭皇帝的领土版图中被抹去了。

征服叙利亚使得基督教的发源地不再属于基督教世界。北非的历史千年来与隔岸相对的欧洲紧密相连，曾一度要与欧洲大陆的民族共同追求自由与进步，现在又被拉回到东方的宿命论与萧条之中，从原本欧洲的延伸变成了亚洲的延伸。

247.攻击君士坦丁堡

穆罕默德死后50多年的时间里，他的信条被继任者的将军们一侧从小亚细亚传播到赫勒斯滂，另一侧穿过非洲宣扬到了直布罗陀海峡。萨拉森人试图从这一个或两个地点侵入欧洲。

第一次尝试是在东方，阿拉伯人徒劳地想从东部罗马帝国手中拿下君士坦丁堡，进而控制博斯普鲁斯海峡。他们在君士坦丁堡的失败对欧洲文明来说具有重要意义，其重要性仅次于不久之后在法国图尔（Tours）的失败[②]。

248.征服西班牙（711）

穆斯林在欧洲东部受挫的同时，却在西班牙站稳了脚跟。最后一位西哥特国王罗德里克（Roderic）在战斗中遭遇惨败（第203条），除了一些西北部的山区，整个半岛都被入侵者所征服。这次战争使得几个西班牙最好的行省在800年的时间里不属于基督教世界。

征服西班牙不久，大批来自阿拉伯、叙利亚和北非的移民者涌入半岛，在很短的时间里，塞维利亚（Seville）、科尔多瓦（Cordova）、托雷多（Toledo）和格拉纳达（Granada）诸省的服饰、举止、语言和宗教就都是一派阿拉伯风格了。

---

① 艾布·伯克尔（632—634），穆罕默德的岳父是第一任哈里发。他之后是欧麦尔（634—644）、奥斯曼（644—655）、阿里（655—661），他们都死于刺客之手。

② 有些历史学家认为比图尔之战更为重要。

249.入侵法兰西；图尔之战（732）

征服西班牙之后四五年后，萨拉森人便穿过比利牛斯山，在高卢平原建立自己的据点。这引起了基督教世界的极大警惕。似乎穆罕默德的信徒就要占领整个欧洲大陆了。就像德雷珀（Draper）描述的那样：新月，呈巨大的半圆形跨于非洲北岸和亚洲海湾，一角挂于博斯普鲁斯，一角勾住直布罗陀，似乎很快就会形成一轮满月覆盖整个欧洲。

公元732年，即先知死后100年，法兰克人和他们的盟军在伟大领袖查理·马特（Charles Martel）的率领下，在高卢中部的图尔平原与穆斯林展开了一场决定基督世界命运和历史进程的战争。结果，阿拉伯人一溃千里，退到了比利牛斯山以南。

西欧年轻的基督文明由此避免了一场如当初阿提拉和匈奴人一般的灾难（第171条）。

250.哈里发帝国的分裂

“在出逃麦地那后的一个世纪内，”吉本写到，“哈里发是阿拉伯世界绝对的专制君主。”但是，随着帝国的扩大，有野心和抱负的人纷纷争夺哈里发的荣耀，在三个首都——底格里斯河畔的巴格达（Bagdad）、尼罗河畔的开罗（Cario）和瓜达尔基维尔河（Guadalquivir）畔的科尔多瓦（Cordova）——有三个哈里发，每一个都被其追随者奉为穆罕默德唯一合法的精神和权力继承人。然而，所有伊斯兰信徒都同样尊敬伟大的先知，都对《古兰经》有同样的狂热，都向着圣城麦加的方向祷告。

251.阿拉伯的伊斯兰文明

萨拉森人和日耳曼人一样，都是古代文明的共有继承人。萨拉森人把古代文明在科学方面的积累[①]传给了欧洲人。他们从希腊人和印度人那里，开始懂得了天文学、几何学、算学、代数、医药、植物学和其他学科。亚里士多德、欧几里得和盖伦的科学著作，以及印度人关于天文学和代数的论著，都从希腊语和梵语翻译成了阿拉伯语，成为阿拉伯人研究的基础。所有传到他们手中的科学都得到发展和丰

---

① 吉本证实，没有一位希腊诗人、演说家或历史学家的作品曾翻译成阿拉伯语。参见《罗马帝国衰亡史》，第52章。

富，然后传至欧洲学者那里。[①] 他们发明了阿拉伯数字和十进制[②]，给了欧洲人今天所有的科学研究都不可或缺的计算工具。

在文学方面——传奇和诗歌——阿拉伯人创作出了许多卓越的作品。独特的《天方夜谭》（*Arabian Nights*）极有价值，反映了处于东方文化高峰时巴格达宫廷的阿拉伯生活方式。它还构成了世界文学不朽的一部分。

所有这些文学和科学活动都可以很自然地在学校、大学和图书馆里找到其印迹。在欧洲引以为傲的教会学校和修道院学校出现的几个世纪前，在阿拉伯帝国的大城市，如巴格达、开罗和科尔多瓦，著名的大学中便聚集了大量有志求学的年轻穆斯林，并营造出了一种学术与高雅的气氛。开罗目前拥有数千学生的著名“大学”就是阿拉伯伊斯兰辉煌时代的幸存者。

在建造清真寺和其他公共建筑的过程中，阿拉伯建筑师发展出一种新的、鲜明的建筑风格——其中，保存到今天的最美丽的范本就是格拉纳达的摩尔王宫——这种风格为现代建筑师提供了最好的范本。

---

① 所有经由阿拉伯人传至欧洲的科学知识都能由英文中这些词的写法反映出来：alchemy、alcohol、alembic、algebra、alkali、almanac、azimuth、chemistry、elixir、zenith、nadir。（炼金术、酒精、蒸馏器、代数、碱、年鉴、航向、化学、天顶、天底。）许多阿拉伯的大城市在中世纪是重要的制造中心，许多织物就是以这些地方的名字来命名的，比如，平纹细布（muslin）得名于底格里斯河上的城市摩苏尔（Mosul），锦缎（damask）得名于大马士革（Damascus），纱布（gauze）得名于加沙。大马士革和托莱多的刀则显示了阿拉伯匠人高超的冶金技巧。

② 除了数字零，他们记数法中的数字，似乎都是从印度借用的。

第十七章　查理大帝与西部帝国的复兴

252.引言

现在我们回到西方。第一个要说的就是，在盟军的帮助下，在图尔之战中击败了萨拉森人、拯救了欧洲的法兰克人。在他们中间，出现了第一个恢复古罗马法律、秩序和制度的人。这一时期的重大事件里，处处都有他们的国王查理曼的身影——确实，他让这一时期在世界史上占有一席之地。

这个时代的故事是打开西欧后续历史的钥匙。仅仅是列举一下我们要说的事，你就能明白这一时期的重要性。我们将讲述墨洛温王朝的宫相如何变成了法兰克国王；然后教皇又是如何因为法兰克国王的慷慨而获得了世俗权力；查理大帝又是如何在西方复兴古罗马的制度，融合罗马和日耳曼因素，从而奠定了现代文明的基础的。

253.丕平公爵（Duke Pippin）如何成为法兰克国王（751）

在图尔拯救了西欧基督教文明的查理·马特，尽管是法兰克民族事实上的领袖，可在名义上，他依然是墨洛温王朝的廷臣（第205条），尽管行使了国王的全部权力，但他至死也未加冕为王。

但是，查理的儿子丕平三世渴望国王的称号和荣耀。他决定废掉徒有虚名的主人，自己即位为王。然而，没有教皇的认可，这样做就不够名正言顺，于是，他派遣一位使者去见教皇，寻求他的建议。考虑到丕平给予教会的帮助，教皇同意了，并回复说，事实上的国王成为名义上的国王也是合乎情理的。因此，希尔德里克（Childeric）——墨洛温王朝的末代国王——立即被废掉，丕平加冕为王（751），成为加洛林王朝的第一位国王。他和他的父亲对法兰克民族和基督教世界作出了杰出贡献，后来王朝的名字是以他功勋卓越的儿子的名字来命名的。

255.丕平帮助教皇建立世俗权力（756）

公元754年，教皇斯德望二世（Pope Stephen II）不堪伦巴第人的骚扰，请求丕平帮他对付野蛮人。丕平为了回报教皇助他取得国王的名号，直接代表教皇介入了此事。他率军来到意大利，驱逐了伦巴第人，并把收复的土地献给了教皇。[①] 作为礼物的象征，他把拉韦纳、里米尼（Rimini）和其他许多城市的钥匙放在了圣彼得的墓前。

这次的馈赠被认为确立了教皇的世俗权力；因为，尽管教皇斯德望已经下定决心要放弃对东部罗马帝国的效忠，建立一个独立的教会国家，但如果没有法兰克国王的帮助，他的计划也就不可能实现。

256.查理曼

丕平的继承人是他的儿子查理[②]（公元768年—公元814年在位），所有研究中世纪的学者一致认为，查理是5到15世纪里最有影响力的人物。“他独立世间，”哈勒姆（Hallam）说，“就像荒野里的灯塔或是茫茫大海中的岩石。”他的伟大让他的名字本身变成了一块不朽的纪念碑，而这个名字就是——查理曼。

查理曼长达半个世纪的统治充满了战争和征服，他把领土扩大到了包括西欧的大部分地区。不过，他最突出的成就却不是作为战士，而是作为一个统治者和管理者取得的。他事必躬亲，无论巨细，不管是公事还是私事；他慈父般地留心着教会的事务；并建立了多所与教堂和修道院相关的学校，这标志着西欧基督世界新知识生活的开始。

257.西部帝国的复兴（800）

查理曼统治期间的重大历史事件便是教皇授予他恺撒的皇冠。这个著名历史事件发生的背景如下：

教皇利奥三世要求查理曼帮助处理罗马的派系冲突，国王查理曼很快亲自带兵

---

① 这些土地在名义上属于君士坦丁堡的皇帝，但是，丕平却直接无视他收回的要求。

② 丕平早年和他的哥哥卡洛曼共治。

来到罗马，迅速惩治了扰乱和平的人。利奥感激不尽，决定回报法兰克国王的鼎力相助。在这里，我们需要解释一下他的行为。

很长时间以来，意大利和君士坦丁堡的皇帝之间的敌意越来越强烈。这时东部帝国的伊琳娜女皇（Empress Irene）废掉了自己的儿子（君士坦丁六世），弄瞎了他的双眼，以方便自己独揽大权。然而，她的恶行使得拜占庭皇位出现空缺。在意大利人眼中，恺撒的皇冠不能戴在一个女人的头上。鉴于这种情况，教皇利奥和他的拥护者希望从异端和娘娘腔的希腊人那里拿回皇冠并授予更强大、更正统、更配其位的西方君主。

现在，西方基督教世界里的所有日耳曼人首领中，没有谁比法兰克国王更配得到这一荣誉了，他是一个卓越王朝的代表，是西方年轻的基督教世界强有力的领袖。所以，当查理曼在罗马的圣彼得方形大教堂参加圣诞庆典时，教皇走近跪下行礼的国王，把一顶金冠戴在了他的头上，宣布他为皇帝、奥古斯都（800）。

教皇利奥的本意是把东方帝国的皇庭转回西方，就像君士坦丁大帝一样，只不过方向相反；然而，他真正实现的不过是复兴了西部帝国皇帝世系，它324年前由奥多亚塞废掉罗慕路斯·奥古斯都而终结（第174条）。我们认为，他实际造成的影响则是：不管教皇和罗马人做了什么，东方的希腊人就当意大利什么也没发生，自顾自地传承着自己的皇帝世系。所以，自此以后的几个世纪里，东方和西方各有一个皇帝，他们都自称是恺撒·奥古斯都的合法继承者。①

西部帝国的复兴是欧洲历史上的重大事件。它给了后世一个“伟大的政治理想”，就像教皇的至高无上代表了普世教会的宗教理想一样，此外还是大部分中世纪历史的决定性因素。

查理曼只当了14年的皇帝，死于公元814年。他的帝国很快分崩离析，直到公元962年，德意志的奥托大帝才将其恢复，并称其为“神圣罗马帝国”。

---

① 从现在开始，我们可以用东罗马帝国和西罗马帝国的名称了，在此之前的使用是不恰当的，因为古罗马的这两部分只是同一个帝国的两个不同行政区划；应称其为帝国西部和帝国东部，称其皇帝为东部皇帝和西部皇帝。最重要的是西部皇帝传承的恢复实际上破坏了古罗马帝国的统一性，从此以后一直到1453年，有两个皇帝同时宣称自己是罗马的唯一合法继承人，而古罗马时代的两个或多个皇帝却是一个不可分割的帝国的共治者。布莱斯，《神圣罗马帝国》。

258.西部帝国复兴是历史的分界线

在圣彼得方形大教堂里，当教皇利奥把帝国皇冠戴到查理曼的头上时，他高呼："上帝为查理·奥古斯都加冕，伟大和平的皇帝，万寿无疆，永远胜利！"教堂里的罗马人齐声高呼，接着，教堂外的法兰克武士也高呼了起来。"这呼喊声既宣布了罗马人与日耳曼人的联合，又是南部记忆和文明与北方新力量的联合，它是长期准备的结果，而其影响也将是巨大而深远的。从这一刻起，现代历史开始了。"①

---

① 布莱斯，《神圣罗马帝国》，第49页。在这里，布莱斯所谓的现代历史包括中世纪和现代两个时期。但是，他认为，历史分两部分：古代和现代。

参考文献

第一章　意大利及其早期居民

原始资料选集

芒罗的《罗马史原始资料》，第2至4页（读者会从原始资料中发现，这个极好的摘录选集在将生活和现实感赋予古罗马故事方面具有非常宝贵的价值）。

辅助性资料

蒙森，《罗马史》，第1卷，第1、2章。

弗里曼，《欧洲历史地理》，第1卷（文本），第7至9、43至49页。

托泽，《经典地理》，第9、10章。

梅里维尔，《罗马帝国史》，第4章，第414至416页（针对一些关于证据的有趣观察，证据则由涉及罗马地区树木繁茂特征的古地理名称提供）。

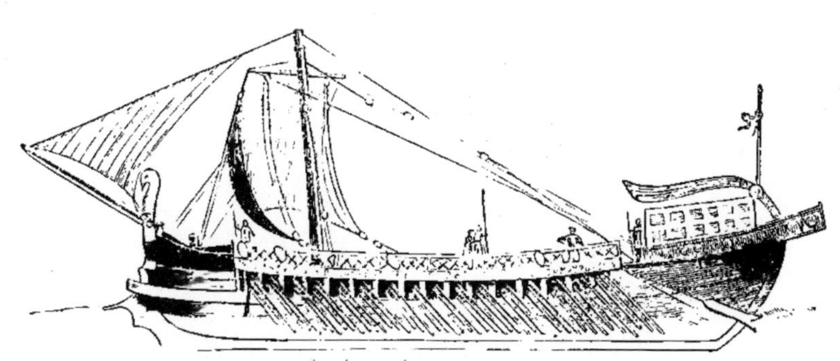

豪与利，《罗马史》，第1、2章。

沙克伯勒，《罗马史》，第2、3章。

奥尔克罗夫特、梅森，《罗马教程史》，第1至18页。

丹尼斯，《伊特鲁里亚的城市和墓地》，第1卷，引言（作者或许夸大了伊特鲁里亚之前的文化对早期罗马文明的影响）。

利兰，《伊特鲁里亚-罗马遗迹》。

第二章　罗马王国

原始资料选集

普鲁塔克，《罗慕路斯》与《努马》。

李维，《罗马自建城以来的历史》，第1、2章（在早期传说中或许可以做一个选择）。

芒罗，《原始资料》，第4至19页；戴维斯，《阅读》（罗马），第5至15页。

辅助性资料

蒙森，《罗马史》，第1卷，第1册，第4至15章。

库朗热，《古代城邦》，第1册，第1至4章，“古代信仰”；第2册，第1章，“宗教是古代家庭的组织原则”；第10章，“罗马和希腊的氏族”。

杜卢伊，《罗马史》，第1卷，第1、4章。

豪与利，《罗马史》，第20至52、288至293页。

塞尼奥博斯（费尔利编辑），《罗马人的历史》，第2、4章。

佩勒姆，《罗马史纲》，第1册，第2、3章。

伊内，《早期罗马》。

福勒，《希腊和罗马人的城邦》，第2、3章。

莫里，《罗马法律概略》，第1章，“早期罗马社会的组织”。

艾博特，《罗马政治制度》，第1、2章。

格里尼奇，《罗马公共生活》，第1章。

第三章　共和国早期；平民向贵族要求平等权

原始资料选集

普鲁塔克，《波普利科拉》和《科利奥兰纳斯》。

李维，《罗马自建城以来的历史》，第2章，第33、34、39、40页（关于科利奥兰纳斯的故事）；第5章，第35至49页（关于高卢人夺取罗马的故事）。

芒罗，《原始资料》，第47至64、71至77页；戴维斯，《读物》（罗马），第15至33、42至48页。

辅助性资料

蒙森，《罗马史》，第1卷，第2册，第1至3章。

杜卢伊，《罗马史》，第1卷，第6至13章。

佩勒姆，《罗马史纲》，第2册，第1章。

豪与利，《罗马史》，第5至13章。

沙克伯勒，《罗马史》，第5、8、9章。

艾博特，《罗马政治制度》，第24至57页。

伊内，《早期罗马》，第10至21章。

弗兰克，《罗马帝国主义》，第1、2章。

格里尼奇，《罗马公共生活》，第2章。

格兰鲁德，《罗马宪法史》，第27至92页。

第四章　意大利的征服与统一

原始资料选集

普鲁塔克，《皮洛士》。

李维，《罗马自建城以来的历史》，第9章，第2至11页（罗马大败于卡夫丁峡谷）；第10章，第28、29页（自我牺牲的德基乌斯·穆斯）。

芒罗，《原始资料》，第47至64、71至77页；戴维斯，《读物》，第15至33、42至48页。

辅助性资料

蒙森，《罗马史》，第1卷，第2册，第5至9章。

伊内，《早期罗马》，第1卷，第3册，第18章，“与迦太基开战之前罗马人的情况”。

海特兰德，《罗马共和国史》，第1卷，第16至19章。

杜卢伊，《罗马史》，第1卷，第13至17章。

泰伊，《罗马宪法的发展》，第5章。

弗里曼，《西西里的故事》，第13章，“皮洛士在意大利”。

佩勒姆，《罗马史纲》，第2册，第2章。

沙克伯勒，《罗马史》，第9至15章。

豪与利，《罗马史》，第13至16章。

里德，《罗马帝国自治市》，第1至3、4章（第1部分）。

第五章　罗马向半岛外扩张

原始资料选集

波利比阿，《通史》，第1章，第10至63页（针对第一次布匿战争的记述）；第38章，第3至11页（希腊灭亡的原因）；第39章，第3至5页（迦太基的灭亡；人们需要记住的是，作家波利比阿是以见证人的身份来描述场景的）。

普鲁塔克，《费边·马克西姆斯》和《马库斯·加图》。

芒罗，《原始资料》，第78至100页；戴维斯，《读物》（罗马），第53至84页。

辅助性资料

蒙森，《罗马史》，第2卷，第3册，第1至14章。

海特兰德，《罗马共和国史》，第1卷，第20至26章；第2卷，第27至34章。

佩勒姆，《罗马史纲》，第3册，第1至3章。

豪与利，《罗马史》，第17至30章。

史密斯，《迦太基与迦太基人》和《罗马与迦太基》。

阿诺德，《罗马行省管理体系》，第1章。

阿诺德，《罗马史》，第43至47章（在描述第二次布匿战争方面，这些章节通常被认为是最好的）。

道奇，《汉尼拔》。

莫里斯，《汉尼拔》。

马汉，《海权对历史的影响》，第14至21页。

丘奇，《迦太基的故事》（对更年轻的读者来说很有意思）。

第六章　共和国的最后100年：革命时期

原始资料选集

普鲁塔克，《提比略·格拉古》和《尤利乌斯·恺撒》。

阿庇安，《内战》，第2册，第18章（恺撒死后，罗马产生的恐慌）。

西塞罗，《给阿提库斯的信》（洛布经典图书馆），第7册，1至26个字母。

芒罗，《原始资料》，第100至141、217至220页；戴维斯，《读物》（罗马），第85至166页。

辅助性资料

海特兰德，《罗马共和国史》，第2卷，第35至47章；第3卷，48至61章。

格里尼奇，《罗马史》，第1卷。

费列罗，《罗马兴亡史》，第1至3卷；第4卷，第1至6章。

梅里维尔，《罗马共和国的衰亡》。

比斯利，《格拉古、马略和苏拉》。

佩勒姆，《罗马史纲》，第201至258、333至397页。

吉尔曼，《罗马的故事》，第12、13章。

艾博特，《罗马政治制度》，第6、7章。

蒙森，《罗马史》，第4卷，第11章，“旧共和与新君主”。

奥曼，《罗马共和国时期的七位政治家》。

斯特罗恩-戴维森，《西塞罗与罗马共和国的衰落》。

特罗洛普，《西塞罗的生活》。

福勒，《尤利乌斯·恺撒》。

霍姆斯，《高卢战记》。

朗，《罗马共和国的衰亡》。

第七章　帝国建立和奥古斯都的元首统治

原始资料选集

《欧洲史原始资料的翻译和重印》之《安齐拉铭文》（“奥古斯都功德碑”），第5卷，第7号，由宾夕法尼亚大学历史系出版。这成为关于奥古斯都统治的最为重要的原始资料之一。它1595年发现于小亚细亚安卡拉一处毁坏神殿的墙上，是一篇很长的双语（拉丁语和希腊语）碑文。碑文是安置在罗马奥古斯都陵墓前碑文的复制品。

塔西佗，《历史》，第1卷，第2页（奥古斯都如何让自己成为罗马的主宰）。

芒罗，《原始资料》，第143至148页；戴维斯，《阅读》（罗马），第166至185页。

辅助性资料

费列罗，《罗马兴亡史》，第4卷，第7至11章；第5卷。

英格，《恺撒治下的罗马社会》，第1章，“宗教”（论述罗马宗教的衰落和东方异教在首都的建立）。

凯普斯，《早期帝国》，第1章，“奥古斯都”。

佩勒姆，《罗马史纲》，第5册，第3章。

伯里，《罗马帝国》（学生系列），第1至163页。

弗思，《奥古斯都·恺撒》。

蒂里，《罗马帝国概述》（这部作品非常富有暗示性；这本书可以冠上“罗马在世界史上的地位”的名字）。

第八章　从提比略到戴克里先即位

原始资料选集

塔西佗，《历史》，第1章，第74页（罗马的“告密者”）和他写的《阿格里科拉传》。

《早期基督教的迫害》（《翻译与转载》，宾西尼亚大学，第4卷，第1期）（请阅读普林尼写给图拉真的信及图拉真的回复）。

马可·奥勒留，《沉思录》。

芒罗，《原始资料》，第148至174、217至234页；戴维斯，《读物》（罗马），第186至290页。

辅助性资料

吉本，《罗马帝国衰亡史》，第2章，“罗马帝国安敦尼时代的统一与内部繁荣”。

蒙森，《罗马帝国行省：从恺撒到戴克里先》。

佩勒姆，《罗马史纲》，第470至548页。

迪尔，《罗马社会：从尼禄到马可·奥勒留》（一本很有名的书）。

法拉尔，《寻找上帝的人》。

戴维斯，《财富在罗马帝国的影响》。

塔克，《尼禄和圣保罗在罗马世界的生活》。

梅里维尔，《罗马帝国史》。

拉姆齐，《公元170年前的罗马帝国教会》，第10章，“普林尼的报告与图拉真的回复”；第11章，“尼禄对基督徒的行动”；第15章，“迫害的原因及程度”。

布瓦西耶，《罗马与庞培》，第6章，“庞培”。

沃森，《马可·奥勒留》，第7章，“奥勒留对基督教的看法”。

凯普斯，《安敦尼时代与早期帝国》，第12章，“皇帝的地位”；第19章，“宗教意识的复兴”。

哈代，《基督教和罗马政府》（一项有关帝国前两个世纪基督教与政府关系的很有价值的研究）。

第九章　戴克里先与君士坦丁大帝的统治

原始资料选集

《翻译与转载》，宾夕法尼亚大学，第4卷，第1期，“戴克里先敕令”和“伽列里乌斯的宗教宽容敕令”。

芒罗，《原始资料》，第174至176、235、236页；戴维斯，《读物》（罗马），第291至296页。

辅助性资料

米尔曼，《基督教史》，第2卷，第2册，第9章，“戴克里先统治下的迫害”。

吉本，《罗马帝国衰亡史》，第15章，“基督教的发展和初期基督徒的情感、数量和情况”；第17章（关于君士坦丁堡的建立和政府形式）。

伯里，《罗马帝国后期的历史》，第1卷，第1册，第4章。

佩勒姆，《罗马史纲》，第551至559页。

乌尔霍恩，《基督教与异端教义的冲突》，第3册，第1至3章。

博伊西尔，《罗马与庞培》，第3章，“地下墓穴”。

弗思，《君士坦丁大帝》。

斯坦利，《东方教会史讲座》，第2至5讲（关于尼西亚会议）；第6讲（关于君士坦丁统治期间的教会）。

西利，《罗马帝国主义》，第3讲，“晚期的罗马帝国”。

兰洽尼，《异教与基督教罗马》，第1章。

纽曼，《第4世纪的阿里乌斯派信徒》，第3章，“尼西亚会议”。

《剑桥中世纪史》，第1卷，第1至7章。

第十章　西部罗马帝国的解体

原始资料选集

塔西佗，《日耳曼尼亚志》（我们已知的关于公元1世纪日耳曼人祖先的生活方式最有价值的著作）。

约尔达内斯（米尔罗译），《哥特人的起源和事迹》，第34至41页（关于阿提拉和沙隆之战）。

圣奥古斯丁，《上帝之城》。

戴维斯，《读物》（罗马），第297至325页。

辅助性资料

霍奇金，《意大利及其入侵者》，第1、2卷（关于西哥特人、匈奴人和汪达尔人的入侵）。

佩勒姆，《罗马史纲》，第557至572页。

米尔曼，《基督教历史》，第3卷。

迪尔，《西罗马最后一个世纪的社会》（一本极其珍贵的书）。

柯蒂斯，《罗马帝国历史》，第6至9章（从公元395年到公元800年）。

吉本，《罗马帝国衰亡史》第4章，“德基乌斯时代蛮族侵入之前的日耳曼人”。

丘奇，《中世纪的开端》；引言，第1章。

金斯利，《罗马与日耳曼人》，第1至3讲。

克雷西，《世界决定性战役》，第6章，“公元451年沙隆之战”。

埃莫顿，《中世纪研究导论》，第2、3章（这些章节很好地讲述了以下内容：“两个民族”，“西哥特人冲破边境线”和“匈奴人的入侵”）。

《剑桥中世纪史》，第1卷，第8至14、19、20章。

霍奇金，《意大利及其入侵者》，第2卷，第532至613页；西利，《罗马帝国主义》，第2讲，第37至64页。

伯里，《罗马帝国后期的历史》，第1卷，第3章（伯里认为，奴隶制、苛捐杂税、野蛮人的渗透，以及基督教，是帝国败落的四大主要原因）。

第十一章　罗马人的建筑、文学、法律和社会生活

原始资料选集

加图，《农业志》，第2章（罗马所有者的职责）。

塔西佗，《演说家对话录》，第28、29章（旧式和新式教育）。

芒罗，《原始资料》，第179至216页；戴维斯，《读物》，第211至265页。

辅助性资料

兰恰尼，《最近史学发现中的古罗马》和《罗马广场的新发现》。

福勒，《罗马文学史》。

塞勒，《罗马共和国的诗人》和《奥古斯都时代的诗人》。

麦凯尔，《拉丁文学》。

哈德利，《简明罗马法》，第3讲，“查士丁尼之前的罗马法律”。

吉本，《罗马帝国衰亡史》，第44章（罗马法理学；这一章是吉本这本巨著中最著名的）。

英格，《恺撒们统治期间的罗马社会生活》。

古尔、康尔，《希腊人与罗马人的生活》。

莱基，《欧洲道德史：从奥古斯都到查理曼大帝》（很重要的一本书，推荐阅读第1卷，第2章）。

迪尔，《西部帝国最后一个世纪的罗马社会》，第5册，“五世纪的罗马教育和文化”。

普莱斯顿、道奇，《罗马人的私生活》。

吉尔曼，《罗马的故事》，第18章，“罗马人的风俗习惯”。

第十二章　野蛮人王国

原始资料选集

《卡西奥多鲁斯书信》（托马斯·霍奇金译），第1册，第24、35封信；第2册，第32、34封信；第3册，第17、19、29、31、43封信；第11册，第12、13封信；第12册，第20封信（这些信件极有价值，它们展示了从古代向中世纪转变时期的大体情况）。

辅助性资料

霍奇金，《意大利及其入侵者》和《哥特人狄奥多里克》（霍奇金是关于蛮族迁徙时代的最权威作家）。

加默里，《日耳曼民族起源》（关于日耳曼人早期文化的一本权威而有趣的作品）。

吉本，《罗马帝国衰亡史》，第38、39章。

丘奇，《中世纪的开端》，第1至5章。

埃莫顿，《中世纪研究导论》，第6、7章。

《剑桥中世纪史》，第1卷，第15章；第2卷，第4至7章。

第十三章　教会及其制度

原始资料选集

比德，《基督教会史》，第1册，第23至25章；第2册，第1、3章；第3册，第3、25章。

《翻译与转载》（宾夕法尼亚大学），第2卷，第7期，“圣科伦巴传”（本书是一位爱尔兰修士的传记，本书描述的人物也称为小科伦巴，以便与爱奥那的圣科伦巴相区别）。

亨德森，《中世纪文选》，第274至314页，“圣本笃会规”；罗宾森，《读物》，第1卷，第4、5章；奥格，《中世纪史原始资料集》，第6章。

辅助性资料

齐默，《中世纪文化中的爱尔兰因素》（一本很有意思的关于爱尔兰修士对中世纪文明贡献的权威之作）。

金斯利，《隐士》。

蒙特朗贝尔伯爵，《西方修士：从圣本笃到圣伯纳德》，第7卷（修道院制度的热情的颂文）。

莱基，《欧洲道德史》，第2卷，第4章（此书两面兼顾，既写了好的方面，也有其阴暗面）。

威沙特，《修士与修道院简史》（是关于修道院体系的起源、观念和影响的最好英文简介）。

帕特南，《中世纪的书及其制造者们》，第1卷（讲述了修士们抄写并润色书稿的辛劳）。

费希尔，《基督教会史》前几章（此书简洁、公正且学术性强）。

埃莫顿，《中世纪研究导论》，第9章，“基督教会的崛起”。

亚当斯，《中世纪的文明》，第6章，“教皇权力的形成”。

吉本，《早期教父的信仰》，第9章，“彼得的大主教的权力与职责”；第10章，“教皇权力的至高无上”（天主教关于这些事件的权威观点）。

《剑桥中世纪史》，第1卷，第18章；第2卷，第8、16、22章。

第十四章　拉丁民族与日耳曼民族的融合

原始资料选集

《翻译与转载》（宾夕法尼亚大学），第4卷，第4期，“神裁法”等。

亨德森，《历史文献选读》，第176至189页，“萨利克法典”；第314至319页，“神裁法中礼拜性惯例中的使用”。

李，《英国历史原始资料集》，第5章，“盎格鲁-撒克逊法律”。

奥格，《中世纪历史原始资料集》，第12章。

辅助性资料

埃莫顿，《中世纪导论》，第8章，“日耳曼人的法律观念”。

李，《迷信和暴力：关于宣誓断讼法、决斗断讼法、神裁法和酷刑的文集》。

哈德利，《罗马法导论》，第2讲，“查士丁尼之后的罗马法”。

第十五章　东部罗马帝国

辅助性资料

吉本，《罗马帝国衰亡史》，第40至44章（关于查士丁尼的统治；第44章涉及罗马法）。

奥曼，《拜占庭帝国的故事》，第4至8章；《黑暗时代》，第5、6章。

霍奇金，《意大利及其入侵者》，第4卷，“帝国的恢复”。

罗林森，《第七个伟大的东方君主国》，第24章。

《大不列颠百科全书》，艺术类，詹姆斯·布莱斯，“查士丁尼一世”。

伯里，《罗马帝国后期的历史》，2卷本（一本很有学术价值的书）。

哈里森，《中世纪早期的拜占庭历史》（非常好的讲座）。

《剑桥中世纪史》，第2卷，第1、2章。

第十六章　伊斯兰教的兴起

原始资料选集

帕尔默，《古兰经》（最好的译本）。

《先知穆罕默德的演讲和席间讲话》（斯坦利·雷恩-普尔节选并翻译）。

《欧洲历史研究》（内布拉斯加大学），第2卷，第3期，“古兰经节选”。

罗宾森，《读物》，第1卷，第6章，第114至120页。

奥格，《中世纪历史原始资料》，第7章。

辅助性资料

缪尔，《古兰经：它的创作与教义》《穆罕默德传》《早期哈里发编年史》以及《伊斯兰的兴起与衰落》（所有的著作都是基于原始资料，但它们的语气却不友好且冷淡）。

史密斯，《穆罕默德和穆伊斯兰教》（有一个简短的参考文献）。

施普伦格，《穆罕默德传》。

埃尔温，《穆罕默德和他的继承者》。

吉本，《罗马帝国衰亡史》，第50至52章。

玛格留斯，《穆罕默德和伊斯兰教的兴起》。

卡莱尔，《英雄与英雄崇拜》，第2讲，“作为先知的英雄”。

弗里曼，《萨拉森人的历史与征服》（大师的简述）。

吉尔曼，《萨拉森人：从最早期到巴格达的陷落》。

赛义德·阿米尔·阿里，《伊斯兰的精神：穆罕默德生平与教义、萨拉森人简史》。

普尔，《清真寺研究》。

《大不列颠百科全书》，第11版，艺术类；“穆罕默德”，“伊斯兰组织”，“伊斯兰法律”，“伊斯兰教”。

《剑桥中世纪史》，第2卷，第10到12章。

第十七章　查理大帝与西部帝国的复兴

原始资料选集

艾因哈德，《查理大帝传》（推荐威廉·格莱斯特译本）。

《翻译与转载》（宾夕法尼亚大学），第6卷，第5期，“查理大帝法令节选”。

罗宾森，《读物》，第1卷，第7章。

奥格，《中世纪历史原始资料》，第9章。

辅助性资料

霍奇金，《查理大帝》；穆博特，《查理大帝史》（第一本是最好的英语传记）。

布莱斯，《神圣罗马帝国》，第4、5章（对帝国复兴的意义阐述得很清楚）。

埃莫顿，《中世纪导论》，第12到15章。

萨金特，《法兰克人》，第16到22章（令人激赏的简述，对查理大帝的工作做了恰当的评价）。

韦斯特，《阿尔昆与教会学校的兴起》。

姆林格，《查理大帝的学校》。

亚当斯，《中世纪文明》，第7章。

戴维斯，《查理曼》。

《剑桥中世纪史》，第2卷，第18、19、21章。